世间真相，不过绚烂烟花一场

柳永传

子佩——作品

人民交通出版社股份有限公司
China Communications Press Co.,Ltd.

图书在版编目（CIP）数据

世间真相，不过绚烂烟花一场：柳永传 / 子佩著. —北京：人民交通出版社股份有限公司，2018. 4
ISBN 978-7-114-14559-9

Ⅰ. ①世… Ⅱ. ①子… Ⅲ. ①柳永（约 987—1053）—传记 Ⅳ. ①K825. 6

中国版本图书馆 CIP 数据核字（2018）第 032836 号

Shijian Zhenxiang Buguo Xuanlan Yanhua Yichang Liuyong Zhuan
书　　名：世间真相，不过绚烂烟花一场：柳永传
著 作 者：子　佩
监　　制：邵　江
策　　划：童　亮
责任编辑：刘楚馨
营　　销：吴　迪　刘　君　张龙定　陈力维
出　　版：人民交通出版社股份有限公司
地　　址：（100011）北京市朝阳区安定门外外馆斜街 3 号
网　　址：http://www. ccpress. com. cn
销售电话：(010)59636983
总 经 销：新世界青春（北京）文化传媒有限责任公司
经　　销：各地新华书店
印　　刷：北京盛通印刷股份有限公司
开　　本：880 × 1230　1/32
印　　张：6. 5
字　　数：123 千
版　　次：2018 年 4 月　第 1 版
印　　次：2018 年 4 月　第 1 次印刷
书　　号：ISBN 978-7-114-14559-9
定　　价：38. 00 元
（有印刷、装订质量问题的图书由本公司负责调换）

目录
contents

第一卷

多情自古伤离别

皓月清风年少时

有人说，生老病死的痛苦程度是递减的。

出生之时，接踵而至的是一世的孤独和永不停歇的追逐，走到最后，有人盆钵满载，有人求而不得，但都不过绚烂烟花一场。

人之所求，各有不同，但求而不得，却是世间真相。所以这世上，有如此之多伤心欲绝之人。他们本可以做人生的闲云野鹤，本可以怡然自得，但却为心之所向，甘为笼中雀，池中鱼，而一世蹒跚。

987 年，福建崇安，一声婴儿的啼哭从柳府传出来。

此时的柳府，还挂着红彤彤的灯笼，新年刚过不久，频添喜气。

“是位俊俏的小公子！”接生婆前来报喜。

窗外，婴儿的父亲守候已久。父亲说：“君子有三变，望之俨然，即之也温，闻其言也厉。小公子就叫柳三变吧，望他日后可为三变之君子。”

一代词人柳永（后改之名）就这样开始行走于世。

曾几何时，我们在路口驻足回首。人之初的恬淡早已不在灯火阑珊处，而愁思离魂深入骨髓的柳永，也曾皓月清风。

柳小公子天生聪慧，异于旁人，两岁便可识字，五岁习文，且好研究史书典籍，但他却不是一位小书呆子。10 岁的他随叔回乡，便得到府里上上下下的喜爱，小公子视家中仆人为朋友，也不允许奴婢轻贱自己。

或许此时，柳永身上的平等思想已经启蒙，他出身官宦世家，却无官家傲气，敏感柔情，心地善良，不厌了解低等阶层人们的生活，并不惜为他们发声。这是他生来的宿命吧。

998 年，11 岁的柳永跟随母亲及友人一起游玩于中峰寺。此寺地势陡峭，群山环抱，正对大殿的是崎岖的石径，一条湍急的小溪把寺庙与尘世隔成了两个世界，似乎屹立于云端。柳永眼见中峰寺之雄伟，瞻望着伏虎坛胜迹，情不自禁娓娓道来：

《题中峰寺》

攀萝蹑石落崔嵬，千万峰中梵室开。

僧向半空为世界，眼看平地起风雷。

猿偷晓果升松去，竹逗清流入槛来。

旬月经游殊不厌，欲归回首更迟回。

这位紧锁眉头的11岁少年，他笔直地立在寺栏边，背对正门，眼神坚定地看着远方，似乎飘离了这座山，但又将此山此景此寺的每一处都刻进眼睛，了然于心。

而后他感叹武夷山凌云之境，又写道：

《巫山一段云》

六六真游洞，三三物外天。

九班麟稳破非烟。

何处按云轩。

昨夜麻姑陪宴。

又话蓬莱清浅。

几回山脚弄云涛。仿佛见金鳌。

童年的柳永，就如同早期的这两首诗，俊俏的脸庞，还没有经历尘世的侵染，如中峰寺，如武夷山，凌驾于云端，淡泊爽朗。我们都曾有这样的时期，只是后来再也不满足这单调，染上不同的习气，泡进不同的染缸。

这两首诗迅速在崇安县里传开。邻里亲戚纷纷前来瞻仰，恭贺柳家又出一名才俊，并断言柳公子不久必定高中状元，入朝为官指日可待。柳家上下喜笑颜开，奴婢们更是直接唤他为状元郎。

一日，府里奴婢正在整理贺礼，书籍名画居多，其中有一幅格外朴素的画卷引起了柳永的注意。此画纸张泛黄，做工粗糙，他走过去，打开画卷，只见画卷上无画，却独独只有一首诗，且无作者名字：

《眉峰碧》
蹙破眉峰碧，纤手还重执。
镇日相看未足时，忍便使、鸳鸯只。
薄暮投村驿，风雨愁通夕。
窗外芭蕉窗里人，分明叶上心头滴。

一幅离别的画面就在柳永的面前浮现，“镇日相看未足时”，他们相聚不久便初次离别，所以特别缠绵悱恻。“忍便使、鸳鸯只”，是作者分别在即所感，也是别后心中所蓄。

“薄暮投村驿，风雨愁通夕”，旅人为赶路程，直至傍晚才投宿在荒村的驿店里。在这荒村的驿店里，风雨之声令人难以入寐，离愁困扰他整个夜晚。

“窗外芭蕉窗里人”，以为雨滴落在芭蕉叶上，就好似点点滴滴的痛苦落在心中。

柳永儿时的离别，是与父亲，与母亲的离别，离开的时候并没有如此的难熬，甚至会感到一种无人束缚的窃喜，是怎样的离别让人愁，让人如此不舍?

尽管此时的柳永还未经历过刻骨铭心的离别，却可以从这首诗里感受到写诗人的痛苦，这一笔一划都是再平常不过，怎么连在一起就可以久久萦绕在心头，仿佛自己就是诗里的人，站在窗里。而外面的雨，是自己流的泪。

柳永拿来纸笔，想要将自己此时的感受写下来，可是写了又扔，始终认为自己写的和《眉峰碧》差得太远。

多情自古伤离别

这世上有很多人，年少时，总认为离别不算什么。世界之大，兜兜转转，总会再相遇，而分别只不过是暂时的。人生那么漫长，漫长到一切都可以改变，人生那么渺小，小到握在手心里，所以不懂珍惜。

另有人，生来敏感多情，为一花一草触目，为一石一木动心，不肯丢下任何擦肩而过的风与尘，踩过的沙子，涉过的河，都留在记忆里，不时翻看，他们总是更易与万物感同身受，为残花衰荷伤神，为空楼孤灯落泪，更易感到风紧寒冽，物是人非。因此，也更害怕离别。

这首描写离别之苦的民间作品《眉峰碧》是柳永作词的启蒙。柳永回房，将画卷挂在大堂正中，久久注视，心中赞叹，是何等情感，为何让人揪心疼痛，却仍然让人忍不住去研究它，琢磨它的每个字，每一句。

他悟到离别之苦，也悟到词之精妙。人生数十载，人人都需经历离别，重聚。这其中多少无奈和不舍都在无言的岁月中流逝，化作一缕烟，在无尽而相似的深夜，停留眉梢，不肯离去。

但此时的柳永不是一位害怕离别的人，而是享受离别之人，虽为窗里人，却不羡芭蕉。

常在寂静夜晚，他独立窗前，仰望天空，窗外微风阵阵，蛙鸣虫叫。这一切簇拥着，却似乎又隔离着，这种矛盾着的孤独，和离别一样，愁思好过空无一物，泪痕好过冷清寡淡。风雨无情人有情，它自顾静默地挥洒，辗转难眠之人，却不曾想过交换。

谁没有少年时期呢？这懵懂的时期是一切未来的雏形。有很多人，终其一生，都在追逐少年时期的不可得。少年时期的梦就如同前世的指引，你不知它从何而来，何时走进你的灵魂，但你的一举一动似乎都被少年时期的梦缠绕着，难以释怀。大概这前世的指引是上天的旨意吧，它化作梦，夜夜侵灌，最终刻进你的人生，告诫你终生不可丢弃。对柳永来说，这带进灵魂里的梦是“仕途”。

北宋时期，科举正盛，八方才俊都想入朝为官，为国效力。更何况是出生世家的柳永，才华横溢的柳永，怀揣伟志的柳永！

柳永出身官宦世家，柳永家中三兄弟，都是当地有名的才子。

祖父柳崇，世居河东（今山西），曾为沙县县丞，在州郡颇有威信。父亲柳宜是柳崇前妻丁氏所生，在南唐为监察御史。南唐灭亡后，柳宜供职北宋，任雷泽县令，不久，改为费县县令、濮州任城令。柳永的叔父们也都是官丞。这样具有深厚儒学传统的家庭决定了他也要像父辈一样走科举的道路。

柳父柳宜一生颠簸，在南唐末期，已官至监察御史，南唐灭亡之后，归顺北宋，在很长一段时间里久沉下僚。

宋太宗时期，朝廷对归顺北宋的官员实行不一样的任用制度，致使大批官员不得志。柳宜看到同样状况的好友通过科举正式进入北宋制度内，也有此想法，但因事务繁忙，错过机会。

早年间柳宜与文学家王禹偁为知己好友，柳宜万般辛苦终于成为北宋的正式官吏，到汴京受到王禹偁不少的照顾，柳父希望三个儿子以王禹偁为楷模，文采了得，他日可以顺利入朝为官，换得一世安稳，因此也更加严苛地教导三子。

柳永和许多士大夫子弟一样，自幼致力于举业的学习。少年时期，初显才华的柳永在当地颇有名气，入朝为官似乎指日可待。离乡赴京之前，必须先成家再立业，所以尽管柳永还是少年，柳父还是为柳永安排了亲事。

新娘年方十四，知书达礼，大家闺秀，门当户对，虽说是媒妁之言，父母之命，但新娘也合柳永的心意，大概是因为柳永好奇男女之情已久，显得很是迫不及待。

初见新娘，凤冠霞帔，摇曳着从花轿走进柳府，虽然新娘披着盖头，看不到容貌，但新娘的身姿美妙，柳永仿佛看到了新娘的纤纤细腰，恨不能马上揽入怀中。

“一拜天地，二拜高堂，夫妻对拜，礼成……”

就这样，柳永拥有了一位贤妻，之后每每颠沛流离在外，总能回想到此时的圆满。可人总是不懂得眼前的珍贵，柳永只沉浸在新婚的喜悦之中。

洞房花烛夜，柳永掀开新娘的盖头，一双生动水灵的眼睛偶尔偷偷看一眼柳永，马上低下头，脸颊绯红。柳永看着新娘，不顾娇羞，缓缓宽衣……

《斗百花·满搦宫腰纤细》

满搦宫腰纤细，年纪方当笄岁。

刚被风流沾惹，与合垂杨双髻。

初学严妆，如描似削身材，怯雨羞云情意。

举措多娇媚。

争奈心性，未会先怜佳婿。

长是夜深，不肯便入鸳被。

与解罗裳，盈盈背立银扛，却道你先睡。

这段时光，柳永和妻子依偎度过，每当见到妻子的各种姿态，他总会忍不住吟诵词曲，他的词直白细致，情意绵绵。梳妆时，白皙的手臂从垂下的衣袖中微露的美感；午睡时，一缕青丝在耳边，睡眼惺忪的慵懒，这些都被柳永写下来。

《玉女摇仙佩》

飞琼伴侣，偶别珠宫，未返神仙行缀。取次梳妆，寻常言语，有得几多姝丽。拟把名花比。恐旁人笑我，谈何容易。细思算、奇葩艳卉，惟是深红浅白而已。争如这多情，占得人间，千娇百媚。

须信画堂绣阁，皓月清风，忍把光阴轻弃。自古及今，佳人才子，少得当年双美。且恁相偎倚。未消得、怜我多才多艺。愿奶奶、兰心蕙性，枕前言下，表余心意。为盟誓。今生断不孤鸳被。

我的妻子是徐飞琼身边的女伴，偶然离开了居住的天宫，流落人间，久久没有返回神仙的行列。随意的梳妆打扮，寻常的言语，却因为天生难自弃的姝丽，身边的女子都花容失色，无心争艳。

想要把伊人比作珍贵的花朵，又害怕旁人笑话我，如此美丽的女子想要用花来形容，谈何容易？

仔细想想，数不尽的奇花异草，都只是深红浅白的单调颜色而已。千种娇媚，万种风情，怎么比得上伊人，集各种世间的美丽于一身，万分宠爱，万分艳羡。

须知在华丽的堂舍，美人的绣阁之中，又有佳人在明月清风中相伴，怎忍把好时光轻易抛弃。从古到今，难得才子佳人在盛壮之年双美遇合。就这样亲热地依偎着，也未抵得爱我才艺之情更深。

愿你心地纯美，我也枕前言下，表达我深深的爱意。

让我俩盟誓，今生永不分开。

柳永离乡之后，关于柳永之妻的记载稀少，从柳永的作品中可以看出他对妻子的怀念。离开家乡的柳永再也没有回来，但这种如同亲人一样的感情，在失意之时，每每萦绕在心头，所以思念，所以“悄无寐”“继日添憔悴”，所以“追悔当初，绣阁话别太容易”“想佳人妆楼颙望，误几回、天际识归舟。争知我，倚栏杆处，正恁凝愁！”

《梦还京》

夜来匆匆饮散，攲枕背灯睡。酒力全轻，醉魂易醒，风揭帘栊，梦断披衣重起。悄无寐。

追悔当初，绣阁话别太容易。日许时、犹阻归计。甚况味。旅馆虚度残岁。想娇媚。那里独守鸳帏静。永漏迢迢，也应暗同此意。

一场不怎么尽兴的宴会匆匆结束了，回到住处，对着空荡荡的房间惆怅许久，晚风吹着帘幕。站在窗前，本想喝点酒好睡，现在却更加清醒了。

脑子里都是和妻子在一起的点点滴滴，那时候不够珍惜，如今是后悔了，不知妻子现在在做些什么？是否和我一样一个人守着空房，面对孤寂夜晚的哀愁。

《定风波》

伫立长堤，淡荡晚风起。骤雨歇、极目萧疏，塞柳万株，掩映箭波千里。走舟车向此，人人奔名竞利。念荡子、终日驱驱，觉乡关转迢递。

何意。绣阁轻抛，锦字难逢，等闲度岁。奈泛泛旅迹，厌厌病绪，迩来谙尽，宦游滋味。此情怀、纵写香笺，凭谁与寄。算孟光、争得知我，继日添憔悴。

晚风紧跟着骤雨，一人站在长堤边，满目萧疏，景如此，人世更加如此，多么想念温暖的家，温柔的妻子，好想给她写一封信，可是又不知如何起笔。

《八声甘州》

对潇潇暮雨洒江天，一番洗清秋。渐霜风凄紧，关河冷落，残照当楼。是处红衰翠减，苒苒物华休。唯有长江水，无语东流。

不忍登高临远，望故乡渺邈，归思难收。叹年来踪迹，何事苦淹留？想佳人妆楼颙望，误几回、天际识归舟。争知我，倚栏杆处，正恁凝愁！

面对着潇潇暮雨从天空洒落在江面上，经过一番雨洗的秋景，分外寒凉清朗。凄凉的霜风一阵紧似一阵，关山江河一片冷清萧条，落日的余光照耀在高楼上。到处红花凋零翠叶枯落，一切美好的景物渐渐地衰残。只有那滔滔的长江水，不声不响地向东流淌。

不忍心登高遥看远方，眺望渺茫遥远的故乡，渴求回家的心思难以收拢。叹息这些年来的行踪，为什么苦苦地长期停留在异乡？想起美人，正在华丽的楼上抬头凝望，多少次错把远处驶来的船当作心上人回家的船。她哪会知道我，倚着栏杆，愁思正如此的深重。

与妻子在一起的时光并不长，柳永便背上行囊，步入传奇的一生。

1003 年，柳永突然提出游学四方的计划，临走之际，妻子非常不舍。她无法理解夫君的决定，但夫君为大，好男儿志在四方，岂能因为我一个妇道人家的不舍而改变？所以纵使万般无奈，也只能默默帮夫君收拾行李，担心夫君在外吃苦，能带的都带上了。柳父为儿子安排了随从，马车，方方面面都准备好了。妻子含着泪，送别柳永。

这一送，就送了一天的行程。

马车颠簸，妻子和丫鬟随从都默默赶路，妻子时不时侧面用手帕拭泪，柳永也不知如何安慰，到了傍晚，要转水路。

送君千里，终将是要离别了。

在离别的船上，柳永看着岸边妻子的身影渐渐小去，看到妻子仍然挥着手，但看不到妻子泪流满面的脸庞。船桨拨动着水波，柳永恨不能马上跳下船，告诉妻子，“我不走了，我们回家可好?”可是无奈，人生就像这艘船，不知会划向何处，但没到过的地方，总是想去看看，此时，心中想到了那首离别的《眉峰碧》，眼前夕阳把远方的水面染成了金黄色，没有水光的地方，显得更加昏暗了。

这一去，今晚该宿何处，这一去，何时是归期?

关于人生的改变，我们很难分清始于何处，终于何处。只能等待某日，回头再看。不知何时，我们渐渐改变了原来的人生轨迹，离开了曾精心构建的舒适区，爬行，攀登，挣扎，完成一层层蜕变。

在这路上，人群渐渐被分割，有人放弃，回到了原点；有人停滞不前，半途而废；有人不断仰望，甚至停歇和倒退，但还是强忍着，最终到达了终点。他们是人生的苦行僧。

人生不一定是必须行走的，守住原点，养一方池水，筑一道篱笆，不行走也不妄想，心如止水，端如莲花，何尝不可?

但柳永不是。他一直在走，为前世的指引，为刻进灵魂的仕途梦。

乱花渐欲迷人眼

无人不爱江南。古镇悠悠，炊烟袅袅。

这里走一步小桥流水，望一眼斜照弄晴。这里春如画，夏如雨，秋如暮，冬寂静。青砖那头琴瑟和鸣，石桥这头浣纱细语。

低楼小街，纱窗梳女，烟雨巷陌，妖娆多姿，繁花似锦，迷人眼，迷心智。

女子的美千差万别，有如莲花般端庄恬静，有如罂粟般妖艳多姿，有如蒲公英日日飘离，有如雪莲傲骨不移。但不管哪一种，都足以让初入江南的柳永迷恋。于是，柳永说，我就留在这里吧，醉在这里，醒在这里，生在这里，死也在这里。

歌舞坊最江南。柳永经过，就被阁楼间隐约美妙的乐声所吸引，不知不觉走进去。

这一走，就一世没再出来。

北宋时期的歌妓和此后不同。她们洁身自好，大部分精通音律和歌舞，此时的红楼又可称为“歌舞坊”，由专门的坊主所经营，坊内不仅有卖艺女子，也有极高造诣的乐师琴师专门为歌妓伴奏。一般歌妓的地位是极其低下的，但是有知名度的歌妓却不同，她们可以按照自己的喜好决定是否出场，有的甚至自由出入皇宫。

歌舞坊也不只作艳舞，坊主往往会排练好场次，有主角有配角，有主旨有意境，可以说是早期舞曲艺术的鼎盛时期了。

沉迷于歌舞的柳永，不曾失志。他为了得到拜访幼时好友孙何的机会，让江南一位知名歌妓日日唱曲，词为柳永所填。

《望海潮·东南形胜》

东南形胜，三吴都会，钱塘自古繁华。
烟柳画桥，风帘翠幕，参差十万人家。
云树绕堤沙，怒涛卷霜雪，天堑无涯。
市列珠玑，户盈罗绮，竞豪奢。
重湖叠巘清嘉。有三秋桂子，十里荷花。
羌管弄晴，菱歌泛夜，嬉嬉钓叟莲娃。
千骑拥高牙，乘醉听箫鼓，吟赏烟霞。
异日图将好景，归去凤池夸。

杭州地理位置重要，风景优美，是三吴的都会。这里自古以来就十分繁华。如烟的柳树、彩绘的桥梁、挡风的帘子、翠绿的帐幕，楼阁高高低低，大约有十万户人家。

高耸入云的大树环绕着钱塘江沙堤，澎湃的潮水卷起霜雪一样白的浪花，宽广的江面一望无涯。市场上陈列着琳琅满目的珠玉珍宝，家家户户都存满了绫罗绸缎，争相比谁更奢华。

里湖、外湖与重重叠叠的山岭非常清秀美丽。秋天桂花飘香，夏季十里荷花。晴天欢快地吹奏羌笛，夜晚划船采菱唱歌，钓鱼的老翁、采莲的姑娘都嬉笑颜开。

骑兵簇拥着巡察归来的长官在微醺中听着箫鼓管弦，吟诗作词，赞赏着美丽的水色山光。想着他日把这美好的景致描绘出来，回京升官时向朝中的人们夸耀。

这首词言简意赅地描写了江南美景。下篇“三秋桂子”“十里荷花”仿佛有阵阵花香轻柔地融进西湖的涟漪，再借着水波飘散开来。这首词曲最终吸引到孙何，柳永得到拜见的机会。柳永面见孙何，表达自己迫切想要入仕的志愿，但孙何并不以为然，靠着旧友提拔的念头不了了之。

既然无法得到友人的举荐，柳永就干脆不再去争这个机会了，放手游玩江南，年少的柳永在烟雨巷陌中得到了许多的欢乐。恰是这烟雨巷陌之景之情催生了一位深谙男女情感的千古词人，他把寻常的感情描写得感人至深，动人心魄。

在那个朝代，美丽的女子要么深居闺中，要么就只能在红楼见到了。所幸，她们遇到了柳永。他爱怜，爱惜，他欣赏，爱慕，他并不认为红楼女子有什么不好。

古代的女子束手束脚，但红楼女子不同，除了出身，她们活出了不同的风格，洒脱，有自主的爱情，有些更是通晓诗词，文雅知心。

柳永生活在这里，听歌买笑，为她们写词谱曲，才华和风流交织在这里。在柳永的词里，有许多都是从歌妓自身出发，比如把秋的景致与情绪融为一体的甘草子。

《甘草子》

秋暮。乱洒衰荷，颗颗真珠雨。雨过月华生，冷彻鸳鸯浦。

池上凭阑愁无侣。奈此个、单栖情绪。却傍金笼共鹦鹉。念粉郎言语。

晚秋时节，雨落纷纷，秋雨散乱地拍打在已经衰败的荷花上面，像一颗颗珠子掉落下来。在这凄冷的季节，自己一个人那么孤寂，忍不住想念情郎的喃喃细语。

《甘草子》

秋尽。叶翦红绡，砌菊遗金粉。雁字一行来，还有边庭信。

飘散露华清风紧。动翠幕、晓寒犹嫩，中酒残妆整顿。聚两眉离恨。

秋季已经结束了。红叶似剪，秋菊零落。大雁归来，捎带着远方的消息。清风吹动帘幕，带来一丝丝寒冷，伊人皱起眉头，满是离恨。

《西江月》

凤额绣帘高卷，兽钚朱户频摇。两竿红日上花梢。春睡厌厌难觉。

好梦狂随飞絮，闲愁浓胜香醪。不成雨暮与云朝。又是韶光过了。

《西江月》是一首描写春闺寂寞情怀的小令词。词从描绘闺中人周遭的环境起笔——饰有凤凰图案的帘子高高卷起，衔在兽头上的门环也频频摇荡。此刻已是“两竿红日上花梢”，时候不早了，外面太阳正红，花也开得正好，但这一切似乎和闺中人毫不相干，她仍旧是“春睡厌厌难觉”。

这时候，或许梦能给她带来些活力，带来些慰藉。无奈“梦”虽是“好梦”，却如同狂飞的柳絮一样难以捉摸，难以把握。随之而来的是“闲愁”胜酒，令人“沉醉”其中，无法解脱。“春睡厌厌”、“闲愁”浓挚的真正缘由：不得与情人相会，是啊，梦中的欢会终非是实，就在那寂寞、无奈的期盼中，美好的春光又逝去了。“又是韶光过了”一句既指自然界春光的消逝，也暗示了闺中人青春的消逝，充满了惋惜和同情。

此时的歌舞坊，曲子虽多，但曲子词很少。曲子词是隋唐以来流行的新音乐燕乐的歌词。早期也有很多文人尝试着按照曲子来填词，但都未能充分掌握曲词之间的节奏。

词凋零，也许是为了等待一代词人柳永出现吧！

柳永确实带来了一场词曲艺术的革新，《眉峰碧》是启蒙，之后的创作将宋词变为历史上词曲发展的新节点，柳永自身精通乐律，他就像乐律和文字的连接桥，将词和曲之间的和谐推到了顶峰，又不失自身创作的匠心独运。

所以柳永也不只是沉迷于歌妓曼妙的歌喉舞姿之间，乐工会拿着曲子求柳永填词。在这方面，也促使柳永与民间歌妓关系密切，并让柳永的词更加贴切生活。这些词曲在民间迅速流传，为柳永赢得了声誉。也正是因为通俗词曲的流传，致使柳永一而再失去入仕的机会。

有因必有果，有得必有失。很多时候我们糊涂地苟活于世，从不清楚这一生究竟得到了什么，又失去了什么？得到的可以称作“得到”吗，失去又是否真正“失去”？如果没有一而再的落榜，柳永是否还能创作出这么多脍炙人口的词？如果柳永在初次赴考之时就高中，他是否就可以不再一世颠簸，尝尽流离之苦？风流如何，重情而已；颠簸如何，沧海桑田，有几人可走遍？物是人非，有多少人有幸亲眼所见？执手相看泪眼，何尝不是一种美好！

渐行渐远

从不怀疑柳永是专情的，专情与多情本就可以并列。所谓专情，是当你爱着一个人的时候，心无旁骛，专一不二，他做到了；所谓多情，是易察觉人之美，物之美，轻易便会为之动容，他无可幸免。

说到坚贞地一生一世只爱一人，无论是什么年代，都是一件极难做到的事情。一生很长，一生也很短，爱一个人很简单，守护一段感情很难。

在这个朝代，夫妻白首的多，但能讲到彼此爱情上的坚贞，却少，只因这个“坚贞”不只是指一心一意而已，而是在这个朝代，连爱情也称不上。

古代的婚姻，推崇一夫一妻多妾制，这种责任感下的夫妻关系，夫方肯定是没有做到坚贞的，那妻方又何尝不是？在这种关系之下，女子并不知何为爱情，也不知自己是主动爱着，还是被迫爱着。爱情本就是自发性的，当一个女子在未见到夫君容貌之时，就已有了婚配之约。从某方面来说，这称不上爱情，既然不是自发的爱情，就没有感情升华之后的专情之说。如果说古代的爱情是培养而产生的，那么既然是可培养的爱情，岂不是任何人都可以成为女子的夫君？

那么对柳永来说，他是专情的还是多情的？柳永是并列的吧，在感情的分类上没有好坏之说，既然柳永是我们心中的词人，必定也是一位值得尊敬的文人。

有人认为，一个无恶不作的人，只要专一爱着一个女子，就有可取之处，但事实并非如此，爱情不能主宰其他，爱情的发生本就不知所以。“情不知所起，一往而深，生者可以死，死者可以生”，爱情的各种可能性只能让爱情主宰爱情。

在爱情里，柳永有自己的风花雪月，在文学上，柳永有自己的极致造诣。尽管柳永的词大多是对男女之事有感而发，但这和词作的文学性还是应该区分开来。

柳永与发妻虽如胶似漆，但在几年之后，仍然产生了裂痕，这一切情绪都体现在了柳永的词里：

《驻马听》

凤枕鸾帷。二三载，如鱼似水相知。良天好景，深怜多爱，无非尽意依随。奈何伊。恣性灵、忒煞些儿。无事孜煎，万回千度，怎忍分离。

而今渐行渐远，渐觉虽悔难追。漫寄消寄息，终久奚为。也拟重论缱绻，争奈翻覆思维。纵再会，只恐恩情，难似当时。

凤枕鸾帷，这两三年，和妻子如鱼似水，良天好景，深怜多爱，奈何妻子性格执拗，致使感情生了裂痕，如今渐行渐远，虽悔难追。

决绝的柳永临走，还要说再会也不可能如初，有裂痕的感情就如同有瑕疵的艺术品，再怎么补救，也无法还原到最初的样子。

《八六子》

如花貌。当来便约，永结同心偕老。为妙年、俊格聪明，凌厉多方怜爱，何期养成心性近，元来都不相表。渐作分飞计料。

稍觉因情难供，恁殛恼。争克罢同欢笑。已是断弦尤续，覆水难收，常向人前诵谈，空遗时传音耗。漫悔懊。此事何时坏了。

互相的伤害已是覆水难收，断弦尤续。既然如此，在一起也是折磨，不如彻底分开吧。

柳永对妻子的爱无疑是专一的，而他决定远游江南并非只是要去游学而已。在词中，他写到了与妻子的感情裂痕，也许他只是借远游之名，和妻子保持一段距离。谁曾想，当初如胶似漆的新婚夫妇，在转眼两三年间就产生分歧。

感情之事没有谁可以解释明了，也许是妻子有着出于大家闺秀的矜持，让柳永渐渐失去了乐趣，没有了灵感，就让这段感情没有了灵魂，风流本性的柳永怎么能停止对美丽女子的追求。才子词人又怎么可能不与歌妓来往？

尽管古代的一夫一妻多妾制要求了女子隐忍的本分，但可见柳永的妻子是不容许或者是不情愿的。爱情中的排外是女子天生的，没有人想要和另外一个人分享自己的爱人，除非爱只是一种义务。柳永的妻子对柳永是付出了真挚的感情的，这些柳永在后来的日子里也有所体会，从而才会有那么多的悔恨。他怨妻子固执，也怨自己风流。他们彼此爱过，又因彼此伤害而渐行渐远。

恐伊不信芳容改

岁月斑驳，人海茫茫，各自有着各自的哀苦。这哀苦全被装进一座城，它默默承受，默默背负一代又一代的重蹈覆辙，一次又一次地冲刷洗礼。后来，它看开了，不再轻言，掩盖住裂痕，舔舐伤口，渴望某天，夜半孤舟能载来几个有缘人。

《西施》

自从回步百花桥。便独处清宵。凤衾鸳枕，何事等闲抛。纵有馀香，也似郎恩爱，向日夜潜消。

恐伊不信芳容改，将憔悴、写霜绡。更凭锦字，字字说情憀。要识愁肠，但看丁香树，渐结尽春梢。

我们永远也无法评断“缘分”这个词语。人与人之间，人与城之间，城与景之间，景与人之间，每一次触碰都是缘分。在一座城，雨纷纷，你撑着一把油纸伞，我在屋檐躲雨，恰好闻到你的芳香，你回眸，于是我们牵手一生；雪将至，有一座桥，它曾出现在我的梦里，我驻足怅惘，桥的那头，你在对我笑，于是冰雪融化了，我们变成鱼，游过四季。

渐渐地，城旧了桥朽了，但你的回眸还在，笑容还在，飘散在姑苏城，收藏在范蠡的心中。

你的不舍，我感受到了，你的无奈，我知晓。你隐忍，你坚强，但你更美丽，千娇百媚，愁肠憔悴，当时月，今日风，空照姑苏城，不再西施泪。

或许是因为孤独，或许是因为本身就是伤感之人，总会更加轻易触景伤情。那年的你，那年的景；今夕的我，今夕的景。我本飘离，却遇到飘离的姑苏城，物也非人也非，想披上一件外衣，抵御寒冷，但衣是无情的，于是悲更甚情更凄。

“多情自古伤离别”，柳永是姑苏城多情有缘之人，夜半孤舟，一壶酒一首曲，穿行在姑苏城，亲近这座城，离别这座城，美人走的香径没了，只剩荒山，有多少人来过这座城，又离开这座城？而我，今夕在此处，明朝又去往哪里呢？

《双声子·晚天萧索》

晚天萧索，断蓬踪迹，乘兴兰棹东游。三吴风景，姑苏台榭，牢落暮霭初收。夫差旧国，香径没、徒有荒丘。繁华处，悄无睹，惟闻麋鹿呦呦。

想当年、空运筹决战，图王取霸无休。江山如画，云涛烟浪，翻输范蠡扁舟。验前经旧史，嗟漫载、当日风流。斜阳暮草茫茫，尽成万古遗愁。

薄暮笼罩着的姑苏城，远远望去，就我一个人在此处，更添潇凉意。喜江南，便要把江南看尽，喜红尘，便坠入其中不自拔，辗转江南，何曾不是漂泊。

人的一生，走过的地方无数，曾经停留的你，望过的云，拂过的风，他们飘向了何处？如今我占据的这一方之地，是你曾离开的地方吗？你去到的地方是否还留着我的味道，我眼前的人，何时会再出现？而我，何时曾到过你的心里？我们的灵魂在这座城相遇，带着彼此的伤痕，来生辗转。

梦里欲归归不得

“当局者迷”，人面对所执着的事物时，都是通用的。我们只能通过抽离自身，才能以旁观者的角度端详当局者的心声。这种抽离拉开人与所喜欢的事物之间的距离，事物变得完整而清晰，界限明了，轻易看到了所有的轮廓，好的，坏的。于是，豁然明朗，那里，的确是让我心生欢喜的地方啊。

怀念是每个人都有的情绪。有人说，追忆过去，是因为当下的苦涩，然而怀念对于多情之人来说，伴随着整个人生。怀念的情感就如同瓢泼阵雨，它悄然来临，倾盆而下，再消失殆尽，没带走什么，反而洗清阴霾，还当下一片晴朗。时间飞逝，总是来不及留住那些仓促的缘分。

时间来不及的，怀念可以；身体不能到达的，灵魂可以。

江南是富硕的。在江南，柳永在许多词里表达了对妻子的思念，但他并没有回家，而是告别江南，去往鄂州。中原鄂州渐显贫瘠，山高水远，与江南相比，风景更加空旷犀利，俊朗磅礴，人亦如此。离别江南时他作了一首：

《六幺令》

淡烟残照，摇曳溪光碧。溪边浅桃深杏，迤逦染春色。昨夜扁舟泊处，枕席当滩碛。波声渔笛。惊回好梦，梦里欲归归不得。

展转翻成无寐，因此伤行役。思念多媚多娇，咫尺千山隔。都为深情密爱，不忍轻离拆。好天良夕。鸳帷寂寞，算得也应暗相忆。

此词先描述场景，淡烟残照，迤逦春色，再写感情，深情密爱，鸳帷寂寞。一首词写成了一段故事，一幅带着思念的画。

在鄂州，柳永以文会友，游览中原名胜，再辗转去往潇湘。一个人在远游的时候，最容易陷入愁思之中，在这遥远的路程中，柳永更加思念家中的妻子，以及故乡友人。

1005 年，柳永离开南方，进京赴考。

由南国到京城，路途遥远，风尘仆仆，每当马车停歇，遥望远山，柳永就能想起曾经在江南听歌赏花的日子。

《临江仙》

鸣珂碎撼都门晓，旌幢拥下天人。马摇金辔破香尘。壶浆盈路，欢动一城春。

扬州曾是追游地，酒台花径仍存。凤箫依旧月中闻。荆王魂梦，应认岭头云。

马所佩戴的鸣珂叮当响的拍击声，震动了京都城门拂晓的天空，仪仗队旗帜下簇拥着有德政的大官。摆动金饰的马缰绳，马蹄踏破芳香之尘。大道两旁茶酒相迎，欢呼声在春天京城的天空中回荡。

扬州曾是追随游宦之地，宴饮的亭台以及花间的小路都还在。在月色下依旧可听到那妙如萧史弄玉、能致孔雀和白鹤于庭的箫声。应该记得，荆王刘贾建功立业的英雄之梦，就像山顶之云那样高远。

人生总是在每个阶段准备下一个不同的见面礼，拆了就得硬着头皮走下去，无法回头。

很多人，都是莽撞的，只是在年纪的增长之中，不得已迈入下个阶段，满心以为到了下个阶段，自然会有所得，但却被人生残忍地做了个选择。在阶段的更迭中，人的种类被区分开来，有人智有人庸，有人成长有人无为。却还有一种人，把生活过成了水平线，大概是年少时就看懂了整个人生，所以不忧不喜，不接受也不抛弃，不知所求，彷徨如云彩，但岁月反而轻饶了他，给他一颗赤子之心。

这样的赤子之心总表现在对某件事物的执着上，不得不罢休，无惧，自发性地周而复始。也曾在某个时刻，心生厌倦，但看一眼那曾经走过的，曾努力过的，得到过的，便不想半途而废。那些点点滴滴刻画在了过去的岁月里，它清晰地呼唤着你，坚持吧，没有什么不可以，克制吧，有得必有失。于是，秉灯夜烛，连时间都被克制成了方块状，跳进时间，束缚自己，牵引自己，每一步，都更靠近了，前方的灯塔，印照着信仰，把愿景，清晰地铺陈在了那里，让人怎能放弃。

所以江南还是江南，仕途仍然是仕途。

《早梅芳》

海霞红，山烟翠。故都风景繁华地。谯门画戟，下临万井，金碧楼台相倚。芰荷浦溆，杨柳汀洲，映虹桥倒影，兰舟飞棹，游人聚散，一片湖光里。

汉元侯，自从破虏征蛮，峻陟枢庭贵。筹帷厌久，盛年昼锦，归来吾乡我里。铃斋少讼，宴馆多欢，未周星，便恐皇家，图任勋贤，又作登庸计。

纵然杭州海霞红，山烟翠，芰荷浦溆，杨柳汀洲，但学而优则仕的思想，根深蒂固在脑海里，故“三秋桂子，十里荷花”如此优美的描写也是为渴望拜见旧识而作，便不足为奇。如此绝美的江南也不及迫切想要入仕的心。

第二卷

曲终情未尽

长门深锁悄悄

汴京与江南不同，江南婉约，汴京庄肃。马车的铃铛回响在汴京城门脚下，守城卫兵的吆喝提醒赶路的人，一所“要地”到了，这是都市中的要地，也是柳永人生旅途中的要地。

城门间，晨光微透，和光明的前程就隔一步之遥，柳永满心欢喜，犹如马上要见到思念已久情郎的少女。汴京民生繁荣，秩序井然，这里的百姓朴素而安然，正街之上，看不到一处红楼烟火。

寻不到就寻不到吧，他日为官，不再踏入半步。

此时的北宋京都，繁华极盛，怎能没有歌舞坊烟柳巷？只是一起隐藏在某处，犹如庄严城墙下悄然开起的野花。

等待科考的日子漫长无趣，寻酒作乐，在所难免。一半是仕途，一半是寻求浪漫的心性。心性是无法改变的，这里与江南相比，名妓更多，和京都的百姓有着相同的安然。醉过的柳永，笔墨是不由自主地举起的，这里的青楼里有写不完的奇女子，美娇娘。年芳十四的垂杨双髻，初尝爱情的甜蜜，思念情郎的忧愁，潸然泪下的分离，低头半遮的娇羞，活跃在柳永的词里。

文人的笔是万能的。字是曲，字是画，曲可以变成画，画可以化作人。文人的笔是造就灵魂的点石者，也是灵魂的临摹师。在这里，灵魂开始具象，有了自己的形状，在文人的笔下，你看到死去的人活着，看到活着的人惟妙惟肖，薄暮和云山在文字里纠缠，春夏秋冬在文字里穿插，花不谢，叶不落，摘一片字，仿佛摘到一片云，云里带着文人的愁肠。这是文人的精神，如果这世上没有文人，便看不到历史的辉煌，过往的精彩将不再留下。

柳永不只是文人，也是乐师，不止是乐师，也是画匠。他的画里有百种美丽女子，各自有各自的美。

《斗百花·飒飒霜飘鸳瓦》

飒飒霜飘鸳瓦，翠幕轻寒微透，长门深锁悄悄，满庭秋色将晚。眼看菊蕊，重阳泪落如珠，长是淹残粉面，鸾辂音尘远。

无限幽恨，寄情空殢纨扇。应是帝王，当初怪妾辞辇。陡顿今来，宫中第一妖娆，却道昭阳飞燕。

此词借写汉武帝时皇后陈阿娇失宠于武帝，在深秋时的愁苦和怨恨，表达对世上女人的同情。上片写陈阿娇所居之长门宫的萧瑟秋景和陈阿娇的愁苦情怀。秋之萧瑟与陈阿娇的愁苦情状构成了一幅极为凄凉的图画。下片写陈阿娇暗自猜测被汉武帝所冷落的原因与自己的无奈和怨恨。

词的描写从陈阿娇住所秋季的萧瑟出发，深锁的长门，秋色将晚，在这样一幅惨淡景致之中，一位楚楚可怜的女子景象马上浮现在眼前，幽恨只能寄情于执扇，悔不当初，可是又无可奈何，早知今日，当初何必要拒绝呢？

《斗百花·煦色韶光明媚》

煦色韶光明媚，轻霭低笼芳树。池塘浅蘸烟芜，帘幕闲垂飞絮。春困厌厌，抛掷斗草工夫，冷落踏青心绪。终日扃朱户。

远恨绵绵，淑景迟迟难度。年少傅粉，依前醉眠何处。深院无人，黄昏乍拆秋千，空锁满庭花雨。

春光明媚，阳光和煦，薄雾低低地笼罩着芳香的树丛。池塘上飘着如烟的雾气，凌乱而荒芜，帘幕无聊地垂着，像风中的柳絮一般飘荡。春困的日子让人想睡觉，把斗草的游戏抛开了，踏青的心情也没有了。整天关着房门。

绵绵的思念，幽幽的愁绪，何时才能得到丈夫的爱怜？年轻的郎君，你和从前一样吗？在哪儿眠花宿柳呢？寂寞的院子空无一人，黄昏时刚刚把秋千拆掉了，白白地锁住了一院子落花。

此词从描写春季的美景出发，在春季午后，四周的景致都是那么温暖，除了女子心中绵绵的思怨。“春困厌厌”，“远恨绵绵”。

如此美丽的景致，见不到心爱的人，拆了秋千，辜负了满庭花雨。

这两首《斗百花》都是由景及人，一首是从秋季的萧瑟直抒女子心中的愁苦，一首是描写春季的明媚来反衬内心的哀怨。在柳永的笔下，每一位女子都被描写得惟妙惟肖，各具特色。

想要把灵魂描述出来，就得去往离灵魂最近的地方，所以文人敏感，常看到寻常人看不到的地方。文人的眼睛并无不同，但心上多了一面镜子，看到的是哀荷，照进心上是怜悯，暮色在眼前，愁思涌心头。

衣带渐宽终不悔，为伊消得人憔悴

很多时候，我们都有一种侥幸，这种侥幸来自于自身强大的幻想。我们幻想某种状态一直存在，某个地方某个街道某个人，还在路口等着你。我们见不到原来的样子，回不去原来的地方，只是因为自己没有选择回头，一旦自己可以回去，那些一切都在原地待命，就像被人按下了时间停止的按钮。事实往往不是这样，不管我们在哪里，时间一直都在走，每一秒都有一丝的变化产生，停留的往往不是非自我的一切，停留的永远都是自己的脚步。自己停留了就认为别人也停留，这是一种自我的幻想。往往也正是如此，自己是善良之人，就幻想世界是善良的，自己是邪恶龌龊之流，就认为世界也是龌龊的，这是人之常情。

所以也难免会幻想那个城市那个地方那个人在等待，当你离开了某个地方，去往另外一个地方，虽然人在另外一个地方经历着不同的事情，看不一样的风景，但对你来说，原来的那个地方是停滞不前的。实际上，那个地方并没有因为你的离开而保持原状，他们每一秒都在变化，每一秒都在经历着不同的事情，改变了原来的样子。

这样的幻想被称作“回忆”。有人说，“故乡”这个词，并不是描写一处地方，而是回忆里不变的儿时，正是讲的这个道理。

故乡不可能是不变的，在外的游子一走就是几十载，在这其中，故乡的花谢树枯，楼阁重建，故人不再，早就不是心中的那个“故乡”。“故乡”这个词只能用在回忆里，成为一种情感的代名词。

柳永离开家，远游，自以为那个家被按下了时间停止的按钮。当自己经历了颠簸，悲伤，再回到家，原本以为那个可以舔舐伤口的地方，那个曾经爱着的发妻，都不再如从前了。

这一刻，柳永怨恨自己走，也怨恨自己回。若是自己没有离开，妻子不至于积怨成疾，若是自己没有回，妻子就永远是记忆中的样子，不曾改变，不会离去。

妻子因为思念柳永抑郁成疾，在柳永离开后没多久，便一病不起，每每家书千般不易地送到柳永所在的地方，他却离开了。发妻撑着病体熬到现在，终于算是见到了最后一面。

当柳永走进记忆里的家，记忆里花容月貌的妻子，都没有来迎接。当他从母亲那里得知妻子卧病在床时，立刻奔往卧室。妻子躺在床上，失去意识，但听到柳永的声音，眼睛微微张开，用尽力气抬起手臂，想握一握柳永的手。柳永泣不成声，追悔莫及，恨自己没有早点回来，恨自己还在远方埋怨妻子的固执，恨不能回到过去，重新来一遍。

人总是在失去之后才懂得珍惜。

爱情又何尝不是，总是走到尽头，没有转圜余地的时候才知道，自己有多么不舍。越是不舍越是决绝，希望这种尽头是自己主动选择的，而不是不够珍惜。

在没见到妻子之前，柳永是这样想的，就算妻子已变心意，甚至更加希望妻子已变心意，他都不会后悔，因为是自己选择的离开，可是他万万没有想到，这样的结果。这种不经意走到的尽头，让他意识到对妻子的万般不舍。

他日夜不离病床，给她讲述这些年他在远游时遇到的美景奇闻，给她念诵他写过的词，给她唱他写的曲。妻子用最后的力气微笑，已经听不到诗词，只听到柳永的声音越来越远，时而模模糊糊时而消失殆尽。

你听到了吗？这是我曾在远方思念你的声音。

《蝶恋花》

伫倚危楼风细细，望极春愁，黯黯生天际。草色烟光残照里，无言谁会凭阑意。

拟把疏狂图一醉，对酒当歌，强乐还无味。衣带渐宽终不悔，为伊消得人憔悴。

你是否可以让我再次为你“衣带渐宽终不悔，为伊消得人憔悴”？

最终，妻子还是撒手而去。

萎靡不振的柳永，本已是伤痕累累，想要得到一丝安慰，然而却是旧伤未愈，新伤又生。

料理完后事的柳永突然失去了方向，人生该何去何从？

当人经历着最低谷的时候，每个人都有走出悲伤的办法。有的人歇斯底里，有的人沉默无声，但最终都从最低谷走了出来。人生还有很多事情需要去做，人生有很多这样的低谷，我们像翻山越岭一样，越过无数的山坎，才能到达目的地。

在一个悲伤的地方，每一个物件似乎都透着悲伤。你开窗，透进来的是凄凉；你点烛，流下的是泪。那个曾经对镜梳妆的人，过了这么些年，仍然在心上。斜坐在床边，抬头看到的是一个孤独的房间。低头，是一地的心碎。

人在悲伤的时候，更容易怀念，怀念过去的日子，也怀念过去的怀念。尽管曾经颠沛流离在各处，却仍然可以有一个人，每每夜晚来临，独依高楼，遥望明月，可以思念，可以哀愁。但如今，这个人却突然抛下了自己，隔了一世，原来，思念也有痛有乐。同样一种思念，她活着的时候，思念是矛盾的，想见还是不见呢。她走了，是决绝，单一的，也是一种解脱。人悄悄，夜沉沉，曾经枕边的人，只能在梦里相见了。曾经羞涩的笑声在房间回荡。

突然想起洞房那夜妻子的娇羞。那时的妻子，还眉目如画，最后一面，已是病入膏肓。

太心碎。

心碎的柳永将离情别绪研于墨中，落于纸上：

《离别难》

花谢水流倏忽，嗟年少光阴。有天然、蕙质兰心。美韶容、何啻值千金。便因甚、翠弱红衰，缠绵香体，都不胜任。算神仙、五色灵丹无验，中路委瓶簪。

人悄悄，夜沈沈。闭香闺、永弃鸳衾。想娇魂媚魄非远，纵洪都方士也难寻。最苦是、好景良天，尊前歌笑，空想遗音。望断处，杳杳巫峰十二，千古暮云深。

花谢，水流，光阴倏忽不见。年少的妻子，蕙质兰心，有着倾国倾城的美貌，谁知被恶疾缠身，一病不起，香消玉殒。

人悄悄，夜沉沉，不知发妻的魂魄，已飘向何方。

发妻尸骨未寒，亲戚好友已经开始关心柳永何时再娶。柳永用情极深，根本无心谈论婚事。

心痛无人知，他恨这些“关心”过度的身边人，但却无能为力，似乎这些人都经受过相同的无情的洗礼。每个人的身边都活跃着一堆假人，他们每天带着各种面具般的表情生活，他们追求的是将合适的表情安放在合适的位置，仿佛没有灵魂没有感情的傀儡。

这些人，任何一种事情，比如礼节、荣耀、脸面都胜过感情。但柳永不是这样的人。

罢了，这痛就自己默默承受吧。

乍入霓裳促遍

失去发妻之后，柳永开始夜夜留宿红楼之中。这是一种逃避，也是一种沉陷。男人常常都是这样，最好的减轻伤痛的方法就是让自己沉迷在一件事情中，来不及想起，没时间想起。更美好的，莫过于沉迷于美人之中。

那日，常去的歌舞坊新调教了三名歌女，分别唤作心娘，佳娘，酥娘。这歌舞坊原本生意平平，老板便想出各种法子，不惜重金邀请柳永来喝酒。这三名歌妓年纪还很轻，但各有各的特色，一开始陪柳永喝酒，后来轮流走到台上，跳舞唱曲。柳永已有酒意，微醺之中看到这三名女子花枝招展，舞姿撩人，歌声美妙。柳永心生灵感，于是，为她们写下新词：

《木兰花》

心娘自小能歌舞。举意动容皆济楚。解教天上念奴羞，不怕掌中飞燕妒。

玲珑绣扇花藏语。宛转香茵云衬步。王孙若拟赠千金，只在画楼东畔住。

《木兰花》

佳娘捧板花细簇。唱出新声群艳伏。金鹅扇掩调累累，文杏梁高尘簌簌。

鸾吟凤啸清相续。管裂弦焦争可逐。何当夜名入连昌，飞上九天歌一曲。

《木兰花》

酥娘一搦腰肢袅。回雪萦尘皆尽妙。几多狎客看无厌，一辈舞童功不到。

星眸顾指精神峭。罗袖迎风身段小。而今长大懒婆娑，只要千金酬一笑。

三名歌妓喜不胜收，捧着新词如获珍宝，老板也马上奉上酬金。果不其然，自从歌舞坊得到柳永的词，人气渐渐旺了。许多人听闻柳永又有新词，词曲浑然，加上歌女的舞姿衬托，唱起来如同美丽的黄莺，令人沉醉。

柳永在歌舞坊找到了一丝欣慰之外，还寻得了生计。许多歌舞坊争相邀词，柳永一时结识不少歌妓知己。

原本以为失去挚爱的切肤之痛只能独自承受，却不想某日酒后倾诉衷肠，旁边的歌妓听罢，竟安慰他道：“人生何尝不是一路失去一路拥有，至真至爱的感情莫过于此。”柳永抬头看着这名歌妓，不曾想过歌妓竟然懂得他的心。

“你叫什么名字？”

“奴家唤作英英。”

这样的失妻之痛，柳永竟然只能对红楼里的歌妓诉说。

他经常有这种感觉，只有歌妓才懂得他的心，也只有歌妓明白他关于爱情的思想，在这方面，他和歌妓心有相通。

自发妻入土为安，他游走在红楼，虽在汴京，却不归家。那个没有妻子的家还是家吗？他把对发妻记忆中的一点一滴，失去之后的思念之痛都诉与英英，一夜一夜地醉，一夜一夜地泪，要麻痹了自己的身体才能勉强度过漫漫长日。

回想起亲戚朋友毫无表情的脸，催促再娶之事，柳永视若无睹。难道真是歌妓有情，外面的人无情？并不是。只是歌妓也经历过了太多的离别。经历多了，从分离之初的盼望，希望，再到绝望，渐渐明白，离别大多都是永久的。这种永久无法改变的事实教人学会珍惜，也更加体会到他人的离别之痛。

这段挣扎爬出低谷的时间，柳永是和英英度过的。歌舞坊的老板早知这位擅长写词的柳公子大名，只要有新曲都会邀请柳公子来听曲，凡是遇到好曲，柳永必定亲自填词。

英英知人心，他视英英为红颜知己。长此以往，他终于和英英走在了一起，同居于英英的歌舞坊内。老板得知柳公子留宿在自己的歌舞坊，欣喜不已，好吃好喝供着，时不时来讨要几首新词。

柳永对英英的喜欢和发妻不同，他更加喜欢英英能听懂他的苦。或许英英是柳永寻找的慰藉，但爱情之事，只有彼此知道。他喜欢英英的懂事，英英也欣赏柳永的才华，这就足以成就一段感情。

在英英的陪伴中，柳永渐渐把失妻之痛掩埋。

英英舞姿曼妙，柳永特别喜欢英英跳起舞时慢垂霞袖，妩媚娇俏。

一日，英英在台上跳舞，乐师正奏着乐，一切都是那么惬意。柳永微醺，朦胧之中英英回眸笑对柳永。此时，柳永才觉身边的她是如此美妙之人，情不自禁为英英写了一首新词：

《柳腰轻》

英英妙舞腰肢软。章台柳、昭阳燕。锦衣冠盖，绮堂筵会，是处千金争选。顾香砌、丝管初调，倚轻风、佩环微颤。

乍入霓裳促遍。逞盈盈、渐催檀板。慢垂霞袖，急趋莲步，进退奇容千变。算何止、倾国倾城，暂回眸、万人肠断。

爱情，它是否是一种可以寻找替代品的感情呢？如果可以，为何人会不明所以地爱上某个人，非他不可；如果不可以，为何失去之后，会渐渐淡忘曾经的痴迷？

但无论我们怎么理解爱情，在柳永的心里，他是爱着的。他爱发妻，他爱过在别人眼里只是用来寻欢作乐的歌妓，他用真心呵护每一段与歌妓的感情，他喜欢英英，便用尽所有的好善待英英。

万花筒中花

妓女文化如同青楼门口的灯笼，它延续了几千年无衰也无退，绽放如初。灯笼之中的女子摇摇欲坠，红烛下，是一张张可歌可泣的脸。然而在古代的青楼，妓女被卑微的出身以及低贱的社会地位压得无法翻身，她们之中大部分都和奴隶一样，被随意买卖，轻易践踏。

这些歌妓进入歌舞坊年纪都不大，有的是被重男轻女的父母卖到这里，有的是被拐卖到了这里，有的家道中落，跌入红尘。动荡的社会，最不缺的就是无依无靠的孤女，和嗜钱如命的势利百姓。

女子天生可怜，纤纤细腰等于手无缚鸡之力，她们美得如同艺术品，却没有人呵护，和动物世界里的生存法则一样，只能凭着自身弱小的优势与社会抗争，留着卑微的生命苟延残喘。幸好她们之中，有妄想之徒，妄想做一个普通的女子，被人爱怜呵护，为了这点妄想，装扮了自己，惊艳了文人，最终在诗词歌画中留存下来。

人类总认为自身是高于动物，统治着动物的。而事实是，古往今来，这社会与动物世界并无不同，优胜劣汰，弱肉强食，可怜的歌妓处于封建社会食物链的最低端，生如草芥，卑微至极。

也许正是因为经历了人生中最低微的事情，才会变得豁达，都已经生活在青楼了，还有什么是不可以的，我可妖艳放荡，也可满腹诗书，冰清玉洁。

白天她们和普通女子的生活起居并没有什么不同，只是到了夜晚，摇身一变，成了万花筒里的花，姹紫嫣红，让人眼花缭乱。她们之中有的结伴而行，莺莺燕燕好不热闹；有的孤身弹唱又千转百回，惹人泪，惹人怜。这两种极端让她们爱上不同的人。文人善于思考的本性让他们天生喜爱孤独，那楚楚可怜的身影在敏感的文人心里激起一层又一层的涟漪，激起无数的眼泪与情愫，眼前那孤身弹唱的女子让这四周的喧闹消了音，清晰了被迷乱的双眼，于是文人情不自禁走上前，如同缓缓走入一幅画，与歌妓相遇相爱。

才华本就是一件迷人的事情，更何况在单纯的歌妓眼前，所以她们总是被文人牵起手，轻易交付了真心，那一遍又一遍的词曲编织着一个又一个一生一世、至死不渝的梦。这梦被建造得摇摇欲坠，但歌妓深信不疑。他们带走青楼女子的心，留下那孤身弹唱的身影哀怨余生。

一次又一次地相遇，希望却渐渐失去温度，于是不苛求有一支为自己燃起的红烛，那么是否可以，常常剥开这份思念，护着这份柔软，夜夜陪伴，伴着风月，饮一杯酒？

这卑微的夙愿，被拾起，又被扔给了等待。一世的等待只够交换一夜的温存。

她们何曾不想逃离这混混沌沌的地方？然而这世界虽大，却没有一条出路，这身世自出生便无选择，是宿命，是无奈。

青楼门口的灯笼，常常在夜里哀泣，哭红了眼睛，染红了灯笼。寻常女子的红，是一世安稳，而青楼女子的红，是日日盼望，日日相对，却仍然一世孤独。

在柳永心中，歌妓是值得怜惜的。

歌妓在爱情中也常常是卑微的一方。

在柳永的词里，歌妓是美丽多情的。

但在当时，除了柳永，没有人是正眼看待红楼之人的。即使是和柳永一样多情的才子，更多的也只是在酒醉之时沉迷，酒醒了，便自己斩断这“不堪”的情愫。

封建社会的妓女文化让许多可怜的女子陷入这个低人一等的红色漩涡，在红楼里，女子被当作一种消遣，可霸占可把玩，可买卖可丢弃。

但是在红楼之外，女子的命运也并不公平，女子可被当作一种物品，互相赠送。姿色上佳的女子是价高的礼品，姿色平平的女子抵不过几斗米。

比如高级的“礼品”有出生乱世为讨好敌国的西施，有维系邦交而和亲的王昭君。而那些低级的，是奴隶，是赌注。

出生高贵的女子，尽管不用遭受被买卖的命运，但也未曾被平等对待过。

封建社会的大家闺秀，从出生之时就不可以抛头露面，未成年就被父母安排婚配，婚配之前是父母之命，婚配之后是三从四德，相夫教子。

女子只渴望不被当作礼品，附属品，不被标上价码买卖，渴望被公平对待。从一而终固然很好，但不是一种规则，理应是一种出自自身主动性的行为。

好在这个时代，有柳永。

他把歌妓的美，女子的感情，写进了词里，记录下来。在词里，没有高贵与低贱，她们都是寻常的人，拥有和男子一样的感情，会为心中所爱而喜悦，悲伤，思念，哀愁。也是在柳永的词里，我们看到了在封建社会女子也有不同的表情，从这个角度看到了女子的价值所在。

笔下生花，心上结果

是否文人更易是见异思迁之徒？或者说是创作灵魂之人？柳永写了那么多词，描写了如此之多的女子，是否爱上的早就是笔下的人，而非现实中人？所以才会因灵感而爱，因没有灵感而逃避？

他爱发妻，新婚之初，每天都会为发妻写词，吟诵给她听，渐渐地，生活久了，失去了新鲜的激情，看到妻子，是日复一日的生活起居，平淡相处，枯燥无味，他再也写不出词唱不出曲，于是开始产生分歧，想要去寻找新鲜，想要逃避这困兽般的空白感。

这种爱上自己创作灵魂的情愫，写字之人最懂。无论创作了什么，先因爱而有灵感，先有灵感而创作，最后和自己的作品相爱。当你画着一幅画，你一定先爱上画；当你描写一座城，你一定先爱上城；当你唱一首曲，你一定先爱上这靡靡之音；当你赞美一个人，你一定先爱上这个人。

能写下的都是留在心上的，笔下生花的，都是心上结了果的。

在柳永词里娇艳无比，倾国倾城的女子，在柳永的心里也必定担当得起这种赞赏，这么用尽辞藻的描写。在挥笔之时柳永一定是爱慕着的。在写词之时，持笔之人与词中之人仿佛合奏着一段旋律，这种共鸣造就一份真挚的作品。

除了是失意之时倾诉对象之外，对英英的感情大概就是这样吧，英英也出现在柳永的作品中，但放进现实中却并不长久。英英无法和发妻相比，发妻是柳永心上的花，看得久了竟然不对了，于是柳永想摘下来看看，谁知，被摘下的花很快就凋谢了，他后悔了，但为时已晚。而英英花期本就短，自然凋落了。他笔下的歌妓，都是他曾爱过的人，只是这种“爱之花”花期长短不同罢了。

他爱英英，英英妙舞轻歌腰肢软；爱心娘，心娘举意动容皆济楚；爱酥娘，酥娘回雪萦尘皆尽妙；爱佳娘，佳娘唱出新声群艳伏。她们各有各的不同，但最后都归为一众歌妓。

歌妓在柳永忘记伤痛这件事情上，起了非常重要的作用，因为爱的不同，所以做到了共享，这是歌妓和柳永达成的共识。在这一点上，妻子是做不到的，妻子不是来自画里的爱，她活生生的在现实中，渴望得到柳永的爱，渴望柳永只爱她一人。

柳永和发妻，柳永和英英，这感情看起来似乎与寻常人并无不同，确实文人也不过是普通人的一种罢了。发妻自私的爱，英英这种会淡忘的爱，市井之中比比皆是。

但能称得上大爱的，往往都在文人的身上。例如金岳霖先生一生爱慕，不曾得到，却无后悔。只有文人把情当作信仰，这种信仰只有自己知道，独自固守，不于他言，不曾改变。

这种大爱，也不是说一生只爱一人，而是在一段爱里不会因为任何而改变。他们从来都是认准了，便会坚定不移，每一步都掷地有声，铿锵有力，这其中没有诚惶诚恐，不曾战战兢兢，甚至经常超越了伦理纲常。

信仰是关系着生命的，而若能担得上他们心上的爱情，那便是拼了命也要在一起。纵使在梦里哭得肝肠寸断，醒来仍然思念着同一个人。

当时的社会没人懂这种感情，但歌妓懂。

歌妓，自始至终，不过都在寻觅这样一个文人罢了，只有文人才会真正爱上歌妓，但凡沾染一丝世俗，就会对歌妓另眼相看。只有在文人的眼里，她们不仅普通而且生动有趣，她们的笑是活色生香，哭是梨花带雨，她们跳起舞来翩翩如仙，她们唱起歌来动人心弦。

朱扉半掩人相望

有缘之人，自相遇便可见端倪，我们的人生也不过是寻觅这样一个人罢了。

爱不够，腻不够。爱人的一颦一笑，都在眼里，勾了魂，失了魂，魂在一起，又缠上两个新的人。

文人的爱情自古都是如此婉转，时而藏在舞步中，时而化作音律演奏于琴弦之上。在回首眼眸中，顾盼生笑，在纤纤细腰间，温香满怀。

柳永自诩见过各色歌妓了，美的，媚的，或热情，或孤傲。却有一人让他觉得与众不同。

某日，他赴约去参加一场宴会，老远听到清脆的笑。寻着笑声，经过小巷，他看到一个丝巾摊前有一位年纪尚小的歌女，带着一个年纪差不多的丫头。她的眼神专注在五颜六色的丝巾里，每个都戴上试试又摘下，笑得纯粹，丝巾每每从纤纤玉手滑下，都让柳永想起对镜梳妆的发妻。那时，妻子也是这个年纪，妩媚不失纯真。柳永正欲上前问个芳名，女子转身就走了。想想还有约，柳永摇头回到正街。

柳永吃完饭之后，和朋友提议去青楼坐坐。朋友们兴致颇高，便一起走进烟柳巷。一条街望过去，红红绿绿，全是妓女招客的手帕。街巷深处有一家新开的小楼，别致新巧，柳永径直走了过去，朋友也一起跟了过去。

这小楼名字叫桃花居，面如桃花身似娇，让人浮想联翩。

柳永跨进桃花居，里面果然布置得别致。进门之后是一个小院，小院种了不少桃树，沿着小院再进去是两层的客房，楼下的客房都敞开着门。柳永走进去坐下，片刻来了三名歌妓围坐招呼倒茶斟酒，又端来几盘小菜。等了一会儿，正前方的看台便有唱曲的歌妓表演了，只见一位年龄约莫二十多岁的女子缓缓走上台。她穿着翠绿色的衣裙，翠绿色的布鞋，腰间有一块黑色镶边的腰带，她的发髻简单流畅，玉簪恰到好处地点缀其中，整个人就如同那莲花池里青翠的荷叶，眼睛就是荷叶上的露珠，晶莹剔透，顾盼生辉。这歌妓缓缓唱出一首词来：

《迎春乐》

近来憔悴人惊怪。为别后、相思煞。我前生、负你愁烦债。便苦恁难开解。

良夜永、牵情无计奈。锦被里、余香犹在。怎得依前灯下，恣意怜娇态。

柳永听她唱的正好是他所写的词，便唤来歌妓。歌妓上前，柳永看其容貌，明眸素颈，好一个美人儿。

他问歌妓叫什么名字。歌妓说叫秀香。又问是否得知这是谁人写的词。歌妓说，无人不知柳公子的词。柳永竟被说得有点飘飘然，看来歌妓还不知自己就是柳永，便说，那我再为你写一曲如何。歌妓又惊又喜，原来是活的柳永公子来了，立即使唤丫头拿来纸笔。

《昼夜乐》

秀香家住桃花径。算神仙、才堪并。层波细翦明眸，腻玉圆搓素颈。爱把歌喉当筵逞。遏天边，乱云愁凝。言语似娇莺，一声声堪听。

洞房饮散帘帏静。拥香衾、欢心称。金炉麝嫋青烟，凤帐烛摇红影。无限狂心乘酒兴。这欢娱、渐入佳境。犹自怨邻鸡，道秋宵不永。

秀香捧过绢纸，见词中直白地写了自己，“层波细翦明眸，腻玉圆搓素颈脸”，自己有这么好吗？脸通红起来。柳永看得如痴如醉，说道，秀香，你的美让我沉醉，以后日日在你耳边吟诵就习惯了。

这一日，柳永留宿在了桃花居，与秀香卿卿我我，对酒当歌，好不快活。

《凤栖梧》

蜀锦地衣丝步障。屈曲回廊，静夜闲寻访。玉砌雕阑新月上。朱扉半掩人相望。

旋暖熏炉温斗帐。玉树琼枝，迤逦相偎傍。酒力渐浓春思荡。鸳鸯绣被翻红浪。

忍把浮名，换了浅斟低唱

尽管柳永的身边围绕着各色歌妓，风花雪月不休，但他不曾忘记自己的理想。这是他少年时期就有的志愿——入仕。

1007 年，柳永得到秋闱的消息，从此开始紧张准备应试。1008 年，春闱在即，柳永不再厮混于各大歌妓楼坊，回到府上，安心待考。

柳永家中三兄弟，此次一同赴考。府里上上下下都在为科举准备着，母亲寸步不离地照料三位儿子。三兄弟日夜待在书房，叔叔伯伯们也经常前来探望，希望他们安心备考，一举高中。

在长辈们的期盼中，柳永压抑着对英英的思念，对秀香的思念，只在夜深人静之时，怀念那些和心爱之人缠绵的夜晚。

柳永的长辈们是熟知这三位兄弟的秉性的。柳宜非常担心亲近女色的柳永，恐他夜夜笙歌，早就心思蒙尘，无法再归入正途。但柳宜的担心是多余的，柳永深知自己的前途伸手可及，比哥哥们更加用心备考。他遥想曾经在歌舞坊、在酒楼受到的敬仰目光，那些被传遍大街小巷的柳词，自持文采颇优，信心满满。

北宋时期重文轻武。文官文采超群，思维缜密，武官也大多能提笔千言。古代的官宦制度也有存在的道理，文者清高，即使持有较高的权力，也不屑于物质诱惑，所以文者为官，是最好不过，且越高傲越可能成为一名好官。清高的人是很难收受贿赂的，政府人员也是人，拥有人的本性，自私贪婪无法度量，所以这最适合文人。文人的诉求往往凌驾于物质之上，精神上的共鸣很难让人去迎合，因此也不易被收买为奸人所用。

正是如此，文采就等于做得了好官，这种想法在柳永心里是生了根的。既然天下人都知我柳永文采了得，区区一个科考，又怎能难倒我？

想到这里，柳永又想念英英了，和他能对上一两句心思感悟的英英，必定想法与他相同。

于是趁着长辈们放心离去之后，柳永从后门溜了出去，直奔英英的迎春楼。

小别重聚，未等柳永开口，英英就撒娇说，郎君他日入朝为了官，不知还能否记得我这个小人物了？

柳永听了大笑，当然当然，他日为官，必定把你娶回府，好生供养。为了纪念这短暂的离别，柳永又为英英作了一首词：

《长寿乐》

尤红殢翠。近日来、陡把狂心牵系。罗绮丛中，笙歌筵上，有个人人可意。解严妆巧笑，取次言谈成娇媚。知几度、密约秦楼尽醉。仍携手，眷恋香衾绣被。

情渐美。算好把、夕雨朝云相继。便是仙禁春深，御炉香袅，临轩亲试。对天颜咫尺，定然魁甲登高第。待恁时、等著回来贺喜。好生地。剩与我儿利市。

近日来和佳人缠绵亲昵，陡然间把放荡的念头栓系。我是在佳人丛中，歌舞酒宴上认识的这位如意佳人。她善于梳妆打扮，笑容美丽，随意说话间都是无比地娇艳妩媚。不知有几次，和她秘密相约于秦楼，饮酒作乐，喝得酩酊大醉后，仍然手拉手，沉湎于香衾秀被的销魂之中。

情欲渐渐进入美妙时刻，夕雨朝云的欢会正在继续，没料到被阻止。就是在这春意浓郁时节的宫廷禁苑里，御用香炉香烟袅袅，皇帝御前殿要亲自对进士进行测试。这样近距离面对天子的容颜，我一定能夺得状元。待到那时，等着我回来给我贺喜吧！当我取得功名后，一定会给爱人带来更多的好运！

很快就到了春闱，考试那天，柳家三兄弟一起前往，考院外认识了不少朋友。

柳永挥挥洒洒，对自己的试卷很是满意，考完就拉了几个刚认识的考生直奔青楼喝酒作乐，点了歌妓唱歌助兴，只等他日放榜公布结果了。

真宗皇帝早就听闻民间盛传柳永的词。这也难怪，大街小巷都唱着柳永的曲，他对柳永很有兴趣，可是真宗皇帝反对奢靡，严禁淫词艳曲，他等底下的文官收集来柳永的词，看了之后雷霆大怒，说：此人永不可用也。

放榜那日，柳永三兄弟早早等着了。等到快晌午，才有一队官兵拿着一卷皇榜出来，张贴在城门，还未贴好，就被急切想知道结果的考生们团团围住。靠前一点的考生找完一遍没有自己名字，还是不肯退出来，后面挤不进去的考生大声叫着自己名字，让前面的帮忙找，靠前的找不着自己的，就帮别人找的时候再确认一次。高中的人大笑着跑开。柳永三兄弟倒是很坦然地站在人群中间，等着前面的人退去，再慢慢找柳姓。只是等到皇榜全部展开，三兄弟也没找到自己的名字，这才意识到，三人竟然全部落榜了。

围观皇榜的人慢慢散开了，三人久久没有离去。

柳永不敢相信自己竟然没有高中，一遍又一遍地仔细核对，的确没有。他回头对大哥说，这考试是否太不公正了，竟然没有我柳永的名字？最后愤然离去。

回去后，府上早就打听到了这个消息。父亲没想到三个儿子都没有考中，只想是自己太纵容他们，没有教导好，儿子们贪图玩乐，不具备当官的本事。

然而柳永没有这么觉得，他对自己有信心，对自己的才华有信心，对自己的判断力也有信心。那么是什么原因让自己没有中举呢，那必定是判试卷的人有所偏袒，这制度有纰漏，竟然错失像自己这样的人才，这样的朝廷，不进也罢。柳永愤愤提笔，写下有名的：

《鹤冲天·黄金榜上》

黄金榜上，偶失龙头望。明代暂遗贤，如何向。未遂风云便，争不恣游狂荡。何须论得丧？才子词人，自是白衣卿相。

烟花巷陌，依约丹青屏障。幸有意中人，堪寻访。且恁偎红倚翠，风流事，平生畅。青春都一饷。忍把浮名，换了浅斟低唱！

好一个“才子词人，自是白衣卿相”“忍把浮名，换了浅斟低唱”。若是从此柳永果真如同他的词一般不再去追逐名利仕途，若是从此柳永便只做一名真正的白衣卿相，或许他就不用忍受那后半生的颠沛流离之苦，只在花前月下，对酒当歌，做一名逍遥的才子词人。可人生总不那么轻易地放过执拗之人。

词写了，情绪发泄了，他拎着好酒去找英英。英英知道这个消息，不敢在他面前再提起当官的事情，只小心伺候着，连曲子都不敢唱。她安慰柳永道，这人间多好，何苦要去朝廷做战战兢兢的人。但她不知，柳永也觉得在青楼逍遥快活，但那科举就如同心里的一颗刺，越是想装作不在乎，越是扎着疼，这毕竟是自以为唾手可得的东西，竟然那么多庸才名登皇榜，而没有自己，公平何在，天理何在？他早就不再是因为无法入朝为官而愤怒了，而是因为朝廷竟然无视他的才华而愤怒。

追逐之心自然只有追逐之人才懂。初始想要结果，但在这个过程中，一点点看到自己以往的坚持，对这样的自己心生钦佩，于是更在乎每天都在走的过程。但纵使有多在乎过程，也需要一个契机，好赤裸裸地展示一下自己是一个坚持的人，一个不平庸的人，所以结果已不是为了拥有，但往往都被生活所欺骗。

生活教会的不止付出有收获，也教会忍受失败的滋味，教会有些东西你努力了得到的并不是你最初想要的，回馈的是自己不想要的，但只有到了最后才知道，也许生活回馈的比自己原本所想的要更好，但能意识到这件事情往往是多年之后。

人总是只能在岁月中成长，经历岁月就好比熬一壶酒，快火不行，高火不行，只能慢火慢熬，每一步都仔仔细细，不出差错，最后才能得到一壶香醇，一些体面，一段圆满。

踏入仕途是柳永想要的，在青楼的风花雪月中侵染之后，科举的结果变得不重要了，科举没有回馈他，给他的是打击，也是一种别样的收获。生活本想给一壶桃花酒，他不要，要正经的女儿红，醇香差不了多少，但人总是这样，喜欢自己得不到的，摘不到的星星才是最亮的。此后很多年里，科举一直是悬于他天空之上的一颗亮眼的星星。

好在洒脱的人不会钻在牛角尖里。很快，柳永不再为偶然一次的失志而愤恨，他整理衣衫，继续他的风花雪月，鸟语花香。

《如鱼水·帝里疏散》

帝里疏散，数载酒萦花系，九陌狂游。良景对珍筵恼，佳人自有风流。劝琼瓯。绛唇启、歌发清幽。被举措、艺足才高，在处别得艳姬留。

浮名利，拟拚休。是非莫挂心头。富贵岂由人，时会高志须酬。莫愁闷。共绿蚁、红粉相尤。向绣幄，醉倚芳姿睡，算除此外何求。

柳永以此词来慰藉自己的求而不得，但也告诫自己不用为了一次的失败而愁闷，富贵岂由人，时会高志须酬。

曲终情未尽

科考失利之后，柳永一度无所事事，游走于汴京的各大酒楼。

一日，他经过桃花居附近，眼看那一树树突兀的枝干，想起发妻临走时，府上也正是这季节这情景。他隐约记得，上一次在这条小巷，遇到了和发妻非常相似的小歌妓，不免想去寻找看看。

桃花居附近的青楼不少，越是生意好的地方艳俗之类越多，看那小歌妓的打扮，以及天真的神情，一定是小酒楼里从小培养的。

环顾四周，红花楼，迎春楼，风月楼……难不成要一家家挨个听遍喝遍?

想想而已，柳永还是径直去了桃花居，与秀香叙旧温存了一番，便向秀香打听。哪知秀香醋性大发，生气不出声，柳永只好作罢，心想明日自己来寻。

第二日，柳永避开桃花居，去那丝巾摊。老板一看柳公子来了，马上打招呼。柳永见老板热情，便和老板寒暄起来，目的是为了打听点消息。老板说这附近的落月坊有不少小歌舞妓喜欢他的丝巾。柳永心想，那今日就落月坊吧。

这落月坊规模挺大，但名气不是很大。柳永之前恰好没有来过这里，还没有非常熟识的人。刚刚走进去，就有两女迎了上来，领着柳永坐上酒席，柳永乐得服侍，左边一口酒，右边一口菜，等着今日的曲子。

这酒楼奇怪，连着听了两三首都没有自己写的曲子，但词还算工整。到第四首的时候，上台一翩翩少女，穿着淡粉色的衣裙，淡粉色的鞋袜，通体粉色，纤纤细腰被白色纱巾缚着，淡施粉黛，头上没有首饰，只有一块白色的发带绑起发髻，留下很长一段夹杂在乌黑秀发里，随意漂浮在身旁，停留在双肩。她的眼眸如流星转月，眼神生动灵秀，她似乎看着自己，又似乎眼中空无一物。身姿轻盈，特别是跳起来时，发带随意绕过纤细的脖颈，粉色的云袖翻落，露出的仍然是一双粉色玉臂。

这通透清润的模样简直像极了发妻，这不就是我日日夜夜要寻找的人吗？柳永示意边上的妓女停下，不再吃喝，专心听歌妓唱曲。小歌妓歌声清脆穿透，却细得如微风拂面的温柔，歌妓唱的正是柳永写的词：

《迷仙引》

才过笄年，初绾云鬟，便学歌舞。席上尊前，王孙随分相许。算等闲、酬一笑，便千金慵觑。常只恐、容易蕣华偷换，光阴虚度。

已受君恩顾，好与花为主。万里丹霄，何妨携手同归去。永弃却、烟花伴侣。免教人见妾，朝云暮雨。

这词本是讲歌妓之情，这小歌妓唱起来声情并茂，柳永从未觉得自己写的词如此动人，不免怜惜起对面的人来，恍惚觉得这小歌妓就是自己写的词中人，何妨携手同归去。

情不自禁地，柳永站起来，走上前去。恰好小歌妓唱完，见这位客人主动上前，便和他一起走下来。

“姑娘的声音婉转动人，这词里的情都被你唱出来了，你可知这写词之人？”

“无人不知，无人不晓的柳公子啊。”

柳永从不如此客气。

这小歌妓一双灵动的眼睛盯着柳永，竟然让柳永有点慌张，这是之前从未有过的感觉。

柳永镇定之后问道：“不知姑娘芳名，可否一起饮酒？”

“酒楼都唤我虫娘，真的很失礼，我只唱曲，不陪吃饭。”

“柳永公子也不可以吗？”柳永说完这句觉得有点惶恐，自持甚高的人竟觉得卖弄自己的名讳有些惭愧，但显然有些效果。

“你是柳公子？真有幸见到柳公子本人，若是可以相识，那是虫娘三生有幸。”

“难不成还有假么？虫娘自然不必把我当作客人。”

虫娘坐了下来，唤丫头拿来新的餐具，又添了几道菜肴。

“柳公子，今日怎么如此雅兴，来到我们这小酒楼，之前只听你去别的酒家。”

柳永不好意思说自己是来寻她的，尽管是事实，却显得过于唐突，只好说：“恰好经过，酒楼别致，就进来坐坐，得亏进来，才能听到如此美妙的歌喉，见到佳人。”

虫娘害羞起来，“柳公子见笑了，欣赏柳公子的才学，学着也写了几首，不知是否有听前面唱的几首曲子，都是我写的词，不知公子觉得如何？”

柳永有点讶异，这歌妓不仅会舞会曲，竟然还懂得填词，而且听刚刚几首词，一点也看不出是位小女子所写，用词准确得当，离愁别恨感情真挚，虫娘果然非同一般歌妓，这一颦一笑之所以和发妻相似，大概也是受了词曲的熏陶。这种熏陶和原来认识的歌妓不同，她们只知按照词唱出声音，几乎不会用心体会词之意义。

“虫娘竟然也对写词有所研究，那我们更应该把酒高谈了，不如我先为虫娘写一首吧。”

虫娘欣喜，马上吩咐丫头拿来纸墨。

《木兰花》

虫娘举措皆温润，每到婆娑偏恃俊。香檀敲缓玉纤迟，画鼓声喧莲步紧。

贪为顾盼夸风韵，往往曲终情未尽。坐中年少暗消魂，争问青鸾家远近。

虫娘看完，若获珍宝，看了一遍又一遍，抬头正好碰到柳永的目光，脸一下就红透了。“争问青鸾家远近”，这是在对我说吗，虫娘心想，又不敢问。

这时，一位稍有年纪的富贵打扮女人走过来，对虫娘耳语了几句。

原来这里的老板是位女子，她是在提醒虫娘拿银两酬谢柳永。

老板对虫娘说，希望留住柳永公子，可以常来写词，这坊间谁不知有柳永的词，就有赚不完的银两？

对于虫娘自己来说，这词一写，她必定不再默默无闻。歌妓有名之后，生活和如今相比是千差万别。她不知该如何感谢柳永才好，又拿了自己的一份银两，准备要谢柳永。

谁知柳永竟然没有接。换作以前，这银子也不俗，本是应该的，歌妓更希望柳永能收下银两，这代表他给面子。柳永不接，虫娘就有点不知所措了。柳永察觉到了这其中的微妙，马上说：“这词是我有感而发，为虫娘而写，就当送给虫娘的见面礼，以后若需要我写词，我会常来。”

这么一说，虫娘马上笑了，“那我就谢谢公子了。”

此时，旁边有人唤虫娘，说是要一起回家了。

这虫娘竟然不住在落月坊？

虫娘对柳永说：“抱歉公子，今日我唱曲时辰已到……”

“不知何时能再见到虫娘？”

“后天是我的班场，柳公子若是肯赏光，我就为你唱这首新写的词，可否？”

“一言为定。”

柳永告别落月坊，心不知怎的，被塞得满满的，高兴得酒也不喝，天色还早也不想再去见别的妓女，只想早点回家，等待后天的到来。

这一刻，风流的词人宛如情窦初开的少年。

夜晚，回家的柳永去了和发妻曾经一起居住的卧室。那卧室母亲本想改变布置再住，柳永不让布置，所以那卧室还和之前一样，只是缺了一些生活用品，没有人住，剩下纱窗，桌椅，床孤零零地互相映衬着这个房间。此时离发妻去世已经很多年了，遗憾胜过思念，柳永坐在床头，不知不觉睡着了，梦里面前忽然出现一个影子，影子模糊了，仿佛是发妻，清晰了又仿佛是虫娘。

那影子正在对自己唱：“草色烟光残照里，无言谁会凭阑意。”

柳永惊醒，默默回到自己房间，睡下了。

从古代的传说、神话到后来的其他文学形式，都把爱情界限化了。事实上这本是一种介于固定实质与情感之间的微妙关系。初认识之时，这种感情介于陌生人与朋友之间，再深层次来说，是介于朋友和亲人之间，之后便是亲人和自己之间。陌生人，朋友，亲人，自己，都是拥有固定情感的实体，而爱情正是介于这些情感之间。所以凭什么要把爱情描述得非一不可，描述得惊天地泣鬼神？它本就比任何别的感情更加没有规则，没有身体。它像灵魂般存在，如同山尖的薄雾，模糊而美好。你不能责怪山不好看，也不会觉得薄雾缠绕的山变了，雾就变了，爱情没有变质，它只是附在了另外的实体身上。

爱情有爱情自己的定义。爱情的定义是无定义。爱情可大可小，可坚贞可置换，可伟大可渺小，可傲入骨，可落风尘。它本就只是一种简单的感情而已，它最初介于陌生人与朋友之间，好奇大于依存。人对某件事物、某个人的好奇心是建立于新鲜物体、陌生人之上的，因此总认为这是之前不曾有的，便把这种感情夸大化了。再上升一个层次，当它介于朋友与亲人之间时，你不会因为爱情而放弃亲情；当它介于亲人与自己之间时，你仍然认为自己是最重要的，不会舍身为情。爱情的最高境界并非是婚姻，而是超越了自身，这样的高度极少有人达到，但也不是不无存在。

有人说，爱情始于互相欣赏。但我认为爱情的最高层次正是互相欣赏。这种欣赏是超越自身的，因此是爱情的最高境界一种。这样的爱情总会被描述得惊天地泣鬼神，但这仅仅是爱情的千万种形式之一。

人分种类，爱分等级，种类与等级自由组合，使得爱情千变万化，如风如云如雾。如风，在冬季是冷冽的；如云，雨季就给它染个灰色；如雾，就去妆点山川。这些感受都可以被爱情带来，被爱情带走。“爱情”就如同“你”。爱情是什么？你是什么？这是一个无法回答的问题。

柳永对歌妓付出了爱情，又不断失去了一些爱情，但他并不风流。他只是不幸地体会了爱情的各种形式，尝遍爱情的各种疾苦——少年的好奇，发妻的欣赏，离别的悔恨，以及对歌妓的喜欢。

当他认识虫娘之时，这是一种爱情的重蹈覆辙，但人都是如此，漫漫人生，一次又一次地经历，一次又一次地被生活虐待，仍然可以顽强地走完自己的旅程。这是生活赋予人类的本能，这是一种抵御生活的盔甲，战胜不了，却足以支撑下去。生活就是如此，给你盔甲，也给你伤痛；给你爱情，也给你离别。人就像夹在天与地之间的介质，活着就是不停地中和各种极端，揉得圆润些，好行走得更加容易。柳永深知这些。

转眼间，约见虫娘的日子到了。柳永换了新衣，早早地去落月坊候着。这落月坊和别的歌舞坊处处不同，没有杂乱的女子叫卖声，服侍的婢女安静地站在酒席周围，唱歌跳舞的歌妓在前台是看不见的，完成表演就直接回后台不再出来。琴师是位男子，偶尔没歌舞的时候，也会弹一两首不落俗的曲子。就连在此落座的宾客都风度翩翩。

虫娘傍晚才到，这次换了嫩绿色的衣裙，那颜色就像河边柳树刚抽的新芽。她披了白色的披肩，宛若仙子，飘进落月坊，看到柳永，会心一笑，向柳永走过来，

“柳公子，没想到你来这么早。”

“最近闲来无事，无处可去。”

虫娘笑得更欢了，“柳公子会无处可去，是地方太多，想花了心了吧。”

“怎会？记挂着和虫娘的约会，怎么走，都是走到落月坊。”

“说不过柳公子，虫娘去准备唱曲啦。”

虫娘摇身走进后台，梳妆的丫头已经在等着了。

虫娘坐在梳妆台前，一想到刚刚柳公子的眼神，心中不免涟漪四起。这柳公子是喜欢自己的吧，幸福感不由升起，和马上要唱的缠绵曲正好契合，“君宠，妾浓”，虫娘唱得腻人心脾。

柳公子听得如痴如醉，仿佛自己是戏中主角。

唱完曲子，虫娘在柳永旁边坐下，和柳永讨论刚刚的词曲，从韵律谈到词中景致，不知不觉已经是深夜了。

柳永想要和虫娘聊一整夜，但还是被虫娘拒绝了。

柳永便道，那就送你回家吧。

汴京深夜的街道空无一人。柳永没想到自己在这样的深夜竟然没有喝醉，竟然还在凄冷的街头。好在虫娘就在身边。

马车很快就停了。虫娘下车，让马车再送柳永回府。柳永依依不舍，虫娘也回头看了好几次。柳永环顾四周，虫娘住的地方叫水桥街，旁边有一座石板桥，是汴京很老旧的房子了，不知她是自己住还是和家人住一起呢。

又是一个不眠夜，柳永辗转反侧，不时惊醒，想起发妻，想着虫娘。

第二日清晨，柳永去了水桥街，等着虫娘起床出门。快晌午时，虫娘推开门户，看到门口等待的柳公子，一脸讶异惊喜，忙请他进屋。

虫娘住在两层的木头楼里，有一个别致的后院。主楼的一楼是简陋的门厅，没有桌椅，正中的墙壁上是一幅仕女的字画。上二楼的楼梯就在门厅右边，柳永跟着虫娘上楼，一上午等得人蔫蔫，虫娘心疼不已，责怪柳永怎么不敲门。柳永本就觉得自己有点唐突，也不解释。虫娘马上端来茶果点心招待柳公子。

柳永问：“有酒吗?”

“有。”

虫娘又拿来一瓶酒。

柳永隔着老远就闻到了酒香，不曾想虫娘这里竟然有如此陈年好酒，柳永喝了一口便连连赞叹“佳酿”。

不知不觉，柳永喝得迷糊起来，倒在虫娘的床上，任凭怎么叫也叫不醒。虫娘只好坐在桌子边等着，看着酣睡的柳永。虫娘心想，这柳公子是把自己当歌妓喜欢，还是当知己喜欢呢？是想要暂时的欢愉，还是长久的陪伴？想到自己年少就在落月坊卖艺，曾经在酒楼遇到多少对自己流露出痴心的公子，但那眼神里都透露着欲望，只不过是想要一夜春宵罢了。这柳公子应该也是吧，可不知怎的，越是这样，自己却越是欢喜呢。

下午的阳光折射进来，屋子被昏暗的黄色笼罩着。虫娘的头发在阳光下折射成了金色，一层光晕绕着，虫娘望向窗外，一只鸟儿在枝头休憩。虫娘心想，自己若是一只鸟儿多好，就不用为感情而揪心了，有便是有，没有便是没有。

柳永在床上看着虫娘孤单的背影，看着沉浸在自我世界里的虫娘，不禁起身将自己的外衣披在了虫娘的肩上……

虫娘是孤儿，小的时候被叔父养大，后来快十岁时被叔父老婆偷偷卖给了迎春楼的老板当妓女。虫娘从小看着楼里的妓女生活，不甘被男人践踏，便偷偷练歌习舞。老板见这丫头天赋不错又肯吃苦，便把她带到自己另外的歌舞坊往歌妓方面培养。虫娘聪明，懂得应付，最后不仅摆脱了卖身的命运，还和歌舞坊的老板成为朋友，几乎是落月坊的半个老板。

柳永喜欢虫娘的容貌，但更欣赏虫娘的意志，这是对自己真正喜欢做的事情的一种坚持，犹如他对待仕途。

和虫娘在一起之后，柳永仿佛变了一个人。他不仅视虫娘为知己、爱人，也视她为发妻重生的灵魂所在。柳永认为这是上天给他机会弥补年少时犯下的错，于是振作起来，对虫娘全心全意，呵护备至。

《洞仙歌》

佳景留心惯。况少年彼此，风情非浅。有笙歌巷陌，绮罗庭院。倾城巧笑如花面。恣雅态、明眸回美盼。同心绾。算国艳仙材，翻恨相逢晚。

缱绻。洞房悄悄，绣被重重，夜永欢馀，共有海约山盟，记得翠云偷翦。和鸣彩凤于飞燕。间柳径花阴携手遍。情眷恋。向其间、密约轻怜事何限。忍聚散。况已结深深愿。愿人间天上，暮云朝雨长相见。

柳永住在虫娘这里，吃喝都靠着虫娘。有时有些歌妓寻到虫娘这里来，请柳永写词，柳永以往看心情，现在是有求必应，写了许多的词拿给歌妓，得到银两好补偿虫娘。但虫娘不在乎这些，虽然还未正式嫁娶，但已把柳永当作夫君，当作家里人。柳永经常对虫娘说：“等过些日子，我就禀报父母，娶你回府吧。”

可好景不长，1013年，76岁的柳宜离世。柳永接到父亲离世的家书，急忙回家办理后事。按照习俗，柳永必须守丧服孝，迎娶虫娘的事情就这样作罢了。

服丧期间不能亲近烟花之地，柳永只能靠写词来表达思念之情，他尽量隔一段时间就书信一封给虫娘。他不知虫娘此刻在做什么，是否有在思念自己。柳永给虫娘写了很多书信，也没有收到回复，于是柳永差人将词送往落月坊，仍然没有回应。

好不容易熬到服孝期满了，可是又是春闱之期，柳永草草准备之后去迎接科考。

在科考之前，柳永为虫娘写下一首词送到落月坊：

《征部乐》

雅欢幽会，良辰可惜虚抛掷。每追念、狂踪旧迹。长只恁、愁闷朝夕。凭谁去、花衢觅。细说此中端的。道向我、转觉厌厌，役梦劳魂苦相忆。

须知最有，风前月下，心事始终难得。但愿我、虫虫心下，把人看待，长以初相识。况渐逢春色。便是有、举场消息。待这回、好好怜伊，更不轻离拆。

虫娘美好的青春年华就这样白白地浪费在饮酒作乐之中，太可惜了！每当追忆起过去放荡不羁的生活，只觉得这样漫长，朝夕忧虑烦闷。谁能去花街柳巷找到她，细细诉说我这里的情况，让她知道，我因为对她魂牵梦绕、苦苦想念，渐渐觉得精神萎靡不振。

要知道，良辰美景和心中所思念的事是最不易得到的。只愿我的虫娘心里明白，在接待客人时，始终要像是初次相识一样，不要陷得太深。何况正逢容颜娇艳的青春年华，更要好好珍重。要是有京试考场消息，我便即刻返回，这次我将好好地爱你，更不轻易分开了。

这次科考，因为父亲离世没有好好准备，加上很久没有见到心爱之人，柳永无心应试，第二次落第。

没有虫娘的消息，这让柳永很是着急。因此考试结束第二日，柳永便去找虫娘。虫娘见到柳永喜极而泣，但又埋怨柳永这么久没去找她，以为都已经忘了她。柳永提到自己送来的书信和词，虫娘竟一封也没有收到。在柳永解释过后，虫娘惭愧自己的小气。小别胜新婚，柳永和虫娘很快又如胶似漆，日日在一起，不分开半步。

和虫娘稍解相思之苦之后，柳永因事不得不回府，眼见着又是短暂的离别，柳永许下迎娶虫娘的誓言。

《集贤宾》

小楼深巷狂游遍，罗绮成丛。就中堪人属意，最是虫虫。有画难描雅态，无花可比芳容。几回饮散良宵永，鸳衾暖、凤枕香浓。算得人间天上，惟有两心同。

近来云雨忽西东。诮恼损情悰。纵然偷期暗会，长是匆匆。争似和鸣偕老，免教敛翠啼红。眼前时、暂疏欢宴，盟言在、更莫忡忡。待作真个宅院，方信有初终。

小楼深巷全都纵情游玩过，身着罗琦、浓妆艳抹的歌妓甚多，其中能使人倾心的，正是虫娘。绘画难描绘她的高雅志趣，任何花朵都比不上她美好的容颜。多少次酒宴后的良宵都是和虫娘度过，永远都忘不了，那温暖的鸳鸯锦被，香浓的艳美枕头。仿佛这天上人间，只存在我和虫娘的真情了。

近来忽然分离东西，烦恼纠结伤情绪。纵然偷情幽会，总是短暂匆忙。怎么才能像夫妻那样鸾凤和睦、相偕到老？以免每次相会都叫你敛眉啼哭、伤心忧愁。眼前只是暂时的疏远离别，有我们的山盟海誓在，更不必忧心忡忡。等到真的娶你的那天，方才确信我们的爱情有始有终。

回府之后，柳永跟母亲说了迎娶虫娘这件事情。母亲说歌妓要娶也可以，但身份卑微，祖宗的规矩，只能做妾室。母亲又说，不过不能只单单娶个妾室，得娶一位正妻，同天举行婚礼。

柳永见母亲允许他娶虫娘，连忙答应之后，忐忑地去和虫娘商量。

谁知虫娘一点儿也不在乎这些，相比每每离别，能够日日和柳公子在一起，她已经很知足了，只要可以和柳公子在一起就足够了。

母亲早就相中了老友家的女儿秋芸，见柳永答应娶妻，便差人去提了亲，做足了礼数，但对虫娘就没有这些了。

婚礼当天，一边是正妻秋芸，一边是虫娘。柳永自然是一心要去和虫娘洞房花烛夜，但未到夜半，就被母亲的敲门声叫醒了。母亲说，秋芸还在等他，既然已经和虫娘洞房过了，就去秋芸那边留宿吧。柳永不好拒绝母亲，只好去找秋芸。谁知秋芸竟然还盖着红盖头，坐了大半夜。这让柳永惭愧不已，马上吹了蜡烛，让秋芸早点歇息。

婚后的日子，秋芸和虫娘相处愉快，如今娶的妻子和发妻完全不同，倒是虫娘更像发妻，发妻举止大方但是有小脾气，如今的秋芸沉默温顺，没有自己的主见，一切都以柳永为主。儿女之事定下之后，柳永母亲的心也渐渐安定下来，以前经常留宿在外，如今虽然只和那妾室寸步不离，但好在每天人都在府上，书房也去得更勤快了。母亲看着欣慰，是老爷在天保佑，儿子终于安心正途了。

虫娘喜欢花，柳永就在虫娘的卧室摆满了鲜花，虫娘希望柳永出门可以早归，柳永以诗会友就早早结束。柳永去书房看书写词，虫娘在旁红袖添香。

柳永想起父亲离世服丧的那段时日，和虫娘分别后，他写下的词虫娘都未能看见，于是找了出来，赠予虫娘。

“虫娘，这是和你分别的日子里所写，如今可以吟诵给你听了。以后的日子，再也不要和你分开了。”

《满江红》

访雨寻云，无非是、奇容艳色。就中有、天真妖丽，自然标格。恶发姿颜欢喜面，细追想处皆堪惜。自别后、幽怨与闲愁，成堆积。

鳞鸿阻，无信息。梦魂断，难寻觅。尽思量，休又怎生休得。谁恁多情凭向道，纵来相见且相忆。便不成、常遣似如今，轻抛掷。

这首词为分别后收不到虫娘回信时所写。寻花问柳访雨寻云，无不是奇容艳色的佳人。其中有一位佳人（虫娘），生得容貌艳丽，具有天然风范。无论是发怒的姿容还是欢喜的面孔，仔细回忆起来都让人怜悯爱惜。自分别后，郁结于心中的怨恨和无端无谓的忧愁，堆积成山。

鱼雁传书被阻，没有虫娘的音信。梦中魂魄与我分离而去，仍难以找寻你的芳魂。极度相思，欲罢不能。谁如此多情而又愤懑地常说，从前彼此相见又相思，如今难道不成要令人常常像这样彼此分离，轻易将旧情抛掷？

失去才懂得珍惜，柳永在经历了失去发妻的痛苦之后，非常珍惜和虫娘在一起的点滴时光，每一天都腻在一起，不管去什么地方，都带着虫娘。这让秋芸很羡慕，却不好说什么。在旁人眼里，柳永和虫娘是郎才女貌，天生一对，他们出双入对，举案齐眉，夫唱妇随。秋芸每天的事情似乎只在房间里绣花或者照顾柳永的母亲。

柳永的母亲看不惯儿子对秋芸的冷落，一而再地提醒柳永，希望他能平分感情，正妻每日太过孤寂，就算自己不陪伴，也应该让秋芸生下子嗣陪伴。

柳永听从母亲的话，一个月会找那么一段时日留宿在正妻屋里。但柳永经常半夜偷偷溜出去陪虫娘。一日，半夜起床的他差点惊动了正妻，柳永苦笑自己和贼无差别，联想到市集上一些民间故事，写下了：

《玉楼春》

阆风歧路连银阙，曾许金桃容易窃。乌龙未睡定惊猜，鹦鹉能言防漏泄。

匆匆纵得邻香雪，窗隔残烟帘映月。别来也拟不思量，争奈余香犹未歇。

其故事说的是，仙人所居的阆风苑，有一条岔路连着西王母所居的银阙。神话中有一个矮人，曾多次轻易地偷窃了西王母的金桃，从而失去西王母的宠信而被贬遣人间。张然家中的少妇与奴私通，并欲谋杀张然，多亏有敏捷的乌龙狗相救，张然最终得以幸免，不再惊恐猜疑。杨崇义之妻刘氏姿容极美，与邻里的李弇私通，杨崇义被刘氏和李弇合谋暗杀后，幸亏其家里的鹦鹉声屈喊冤，谋杀的秘密终因未防备鹦鹉而败露。

即使能与意中人匆匆幽会，也如同隔着窗户看零散稀疏的云雾，隔着门帘看映照的月光，虽然很美，但犹过眼烟云，很快便消失了，终难拥有。离别以来，也曾打算不再去思念那意中人，无奈那满身还未散尽的余香，让我常常思念她，怎么也忘不了。

人在心不在，像完成使命一般的陪伴让柳永心生厌恶。

好在来年春天，也就是 1018 年，秋芸终于怀上了子嗣，虫娘的肚子却一点消息也没有。因为这事，母亲常常念叨秋芸有福气，即使和柳永在一起的时日不多，也懂得为柳家添子添孙。虫娘每日和柳永腻在一起，还没什么消息，可见歌妓就是歌妓。

柳永非常反感母亲的说法，他只希望和虫娘双宿双飞，没考虑过早早养育子女。

《洞仙歌》

嘉景，向少年彼此，争不雨沾云惹。奈傅粉英俊，梦兰品雅。金丝帐暖银屏亚。并粲枕、轻偎轻倚，绿娇红姹。算一笑，百琲明珠非价。

闲暇。每只向、洞房深处，痛怜极宠，似觉些子轻孤，早恁背人沾洒。从来娇多猜讶。更对翦香云，须要深心同写。爱揾了双眉，索人重画。忍孤艳冶。断不等闲轻舍。鸳衾下。愿常恁、好天良夜。

自从秋芸有了子嗣，柳永就不再留宿了。虫娘因为迟迟没有怀孕，看柳永母亲的眼色，郁郁寡欢。柳永为了讨虫娘欢心，甚至把虫娘以前在落月坊的同伴们请到府上做客，一起唱曲跳舞。虽然免不了母亲的指责，但柳永一意孤行，对虫娘煞费苦心，百依百顺。虫娘感激柳永，想着一定是上辈子积了德，这辈子才能得到柳公子如此多的喜爱。

柳永这边沉溺于虫娘的恩恩爱爱，那边又开始准备科考了。每一次机会对柳永来说都不能放过，自己真正想要的东西还未得到，柳永更加认真勤奋，虫娘当然是全心全意支持柳永的。母亲在这方面很是欣慰，对柳永高中之事信心百增。

科举本就是有各种可能性的事情，第一次失意也许只是偶然，这一次皇上一定可以看到我的才华、我的报国之志。可谁知，这一次，大哥高中，柳永却仍然名落孙山。因为大哥的高中，家中大肆庆祝。柳永远远看着喝醉的大哥，虫娘跟在身后，许多安慰的话想说，却又害怕惹了柳永伤心。

柳永这次落榜，本是方方面面的原因，但柳永的母亲不这样认为，她始终觉得虫娘这个歌妓是失福之人，表面上是关心柳永的，但实际上赶走了福气，不适合待在府上，于是趁柳永不在的日子，母亲去找了虫娘谈话。

母亲哀求虫娘离开柳永，希望柳永以后都不要再和歌舞坊有关系，只有这样，才有可能走入仕途，人生得到舒展。

母亲问虫娘，难道这不是你希望柳永得到的吗？

本来说好无论有什么困难，都要坚持在一起的虫娘第一次动摇了。柳公子如此善待虫虫，虫虫何德何能，出生卑微，姿色平平，却被柳永执意娶进门，回想在府上柳永频频为了她和别人起冲突，为了她不惜顶撞母亲，冷落秋芸，为了她放弃许多以诗会友的机会，她莫不是柳公子的拖油瓶？

如此一想，虫娘心如刀割，那些山盟海誓，永不分离算得了什么，为了自己心爱的人，牺牲自己的感情又有什么。

于是，虫娘以身体不适为由，不见柳永。这让柳永黯然神伤，以为虫娘变了心。

这样的日子一直持续到秋芸生下儿子。这一年是 1018 年，柳永的儿子出世，取名柳涚，字温之，家人都唤小名：涚涚。

儿子生下之后，母亲大悦，和秋芸虫娘三人之间的关系也有所缓和，经常一起出入柳府，一起养育照顾柳永的儿子。虫娘也不再拒绝柳永，柳永一颗悬的心总算放了下来，安心举业。

执着，亦洒脱

执着与洒脱都是一种褒扬，无论怎么活着，这都不失为一种自我性格。阴晴不定的人远远没有单一性格的人来得可爱痛快。

执着的人生如同紧绷的琴弦，沿着几根线，就可以弹奏出美妙的声音。

而洒脱，是风在吹，雨在下，云与月凑巧的呼应，有一种毫无规则的美感。

柳永恰好都拥有，在风花雪月的歌舞坊里，他洒脱不羁。

在面对严格方正的仕途之时，他执着。

尽管同时拥有两种性格的人极少，但柳永都发挥到了极致，因此，洒脱在他的词里，执着在他殷勤流转的仕途生活之中。而这两种截然不同的性情又恰好排列在柳永的人生里，如岸边整齐的杨柳树，相互寒暄，也相互独立，这种性情造就了柳永，也使他倍受煎熬。

柳永在面对科考的时候，一连失败了四次，也没有气馁，尽管每一次都是打击，但是没有看到柳永执着仕途的欲望暗淡，每一次都是一次全新的尝试，不带有任何的忐忑，这种执着，最终，让他如愿走上了仕途。

在这其中，他明知真宗不喜官场之人沉迷于灯红酒绿之中，却没有放弃为歌妓填词，这是他的执着。

在走上仕途之路之后，他执着于为百姓效力，以一己微薄之力在自己的岗位上为百姓谋福利，无论被贬去何方，都坚持自己为官的初心是为百姓。想要在仕途上走得顺利，也不过是想站在更好的位置上，为百姓做更多的事情。

柳永也很洒脱，在少年时，为了扩宽视野，选择游学四方，毅然诀别发妻、家庭，独自一人，漂泊在外。

尽管后半生，迫不得已四处奔波，但每一次他仍然携家人眺望前方，把一切不快抛之脑后。

这其中，有多少的分离，有多少的不舍，都被他洒脱地丢弃，只为遵循仕途的方向。

此时柳永已到而立之年。

三十而立，当人到了30岁，就足以承担一些事情了。30岁其实是一个很空白无内涵的年龄记号。人人都会到30岁，如同人人都会经历白天黑夜，却仍然有人欢喜有人愁，有人在人生的战场中战功赫赫，有人仓皇逃跑。

“三十而立”是一个很沉重的词语，它能轻而易举地给无所事事的中年人迎头痛击，也有一些中年人，无论用多重的语气默念多少遍，似乎都达不到这个效果。年纪像年轮般平铺着，除了一圈比一圈大，没有别的不同。好在时间够长，世界够大，世事够多，总有一两件足以让你变得可以承担，于是，人说，你终于三十而立了。

人只有经历了别离，重聚，才懂得爱情；只有经历了隐忍，失败，才懂得争取；只有经历了束缚，挣扎，才懂得自由；只有经历了克制，忍耐，才知细水流长；只有经历了放纵，等待，才知遗憾，悔恨。这些都需要岁月来包容，要合适的年纪装下这些经历，年纪的门槛刚刚好是中年。

此时，稚嫩渐渐远去，只留下一个锦囊，叮嘱你万不得已，不能打开。人生的记忆渐满，不再轻易按下删除键，唯有不断扩充自己的内存。生活不断抛来绣球，一个一个地接下，不敢再踢走，生怕这一刻踢走的，却是下一秒想要的。当中年的你战战兢兢立于尘世，你发现经历只会让人胆怯，无知才足以抵抗尘世的侵略，于是，怀念便成了主心骨，保持现状成了唯一让人欣慰的事。

而说到保持现状，这当然是洒脱之人的囊中之物，从不炫耀，因为这是自己百分百装满罐子的水，不会响，却清甜如酒酿。

有的人，天生洒脱，也有的人，看破尘世，终于洒脱。

天生洒脱的人如莲花般安静平和，有则清风徐徐，无则独立风露。看破尘世，却总是带着一股子悲壮感，如同为了坚定的“洒脱”，而舍生取义，战死杀场，这杀场便是人生。

无论为了哪一种规则化的方式而取舍，都是不值得的。人生在世，好的是自然流露，在力所能及的圆圈内踮脚，踏步，平躺。坏的是刻意为之，把不属于自己的东西强行拖拉至身边，捆绑得不到真心，对人对物，都是如此。

三十而立，该经历的都经历了，应该知晓这些。但柳永仍然没有放弃那些没得到的东西，这是他自然流露的渴求，是他自我范围内的踮脚。

岁月的掩饰

人之所以还未苍老，正是因为有太多的未得。有则有，无则无，但也没有必要把本就属于自己的东西挡在门外，仕途本就属于柳永，只不过是仍在兜圈子罢了。

人之所以苍老，是因为肩上负载的太多，放弃的太少。每个人出生的时候似乎都是背着竹篓前行的，出生的时候竹篓是空的，一点点拾取，学业，仕途，爱情，子女，每一次填塞，都让肩上的担子更重，走得更慢。大部分人，都不曾想过世界太大，竹篓太小，应该有所选择，只将遇到的东西随意装进篓子，负重前行。

这大概可以称作生命无法承受之重吧。

人生和拾荒没有什么区别。我们看着星空，看着周围的一切，不知为何要来，为何要拾荒，只看到有许多的同行之人，保持同一种姿势，弯腰，行走，于是无可选择地背上了行囊。

人在死去的时候，带不走任何东西，那些所谓得到的一切，何尝不是一种荒芜，谁又不是一名辛苦的拾荒人？

也有人愿意在路途之中停下歇息，然而所有人都在行走，渐渐地，也会开始心慌，归入大部队，害怕被扔下，害怕被丢在荒无人烟的末尾。

生活过于艰难，所以想要把一切攥在手中，就像站在对垒的赛场，对方做足了准备，自己也应该打起精神应对。最后如同战场上过于沉重的盔甲，反而阻碍了自己本身的灵活。

人生最具化的描述都写在了人的躯体之上。僧人的脸最清晰，他们对尘世无所求，不染红尘，不争世事，因而也免了尘世涛浪的拍击。他们平和，安宁，心如止水。

高原上虔诚的“苦行僧”，顶着烈日与苦寒，行礼，叩首。被寒风吹咧的脸庞，即使笑，皱纹和干裂的嘴唇欺骗不了，这难道也是脱离尘世的人生？它并没有轻盈细腻，它仍然被人生还以粗暴。

精神与物质的平衡被人生均匀分割，总有一些人，不愿拾荒行走，于是，抛了竹篓，看云，听海，风起而走，风停而歇，也因此，一无所有。那些没有风的日子，徒留伤悲，悔恨，轻飘飘的空白与失落。

人生的空洞，具化在眼睛里，一双没有内涵的眼睛，足以让人感叹这几十年是白活了。有的人，年少时眼中有光，随着年龄的增长，于世事之中暗淡消失了，也有的人，一生都有光，但往往过不好最简单的生活。

人生如同拾荒一般苦难，感情缥缈得无法捕捉，这让人看起来没有任何值得珍惜的事情，或许人生最重要的就是岁月这个介质吧。欢乐，一时没有，却可以期待它在未知的某个岁月中拥有，这是岁月赋予人的希望。哀愁，令人黯然，却可以在岁月中慢慢淡忘，这是岁月在治愈人的伤痕。

如此珍贵的岁月，理所当然给了一个时效，每个人都只能拥有几十年，在这其中希望，在这其中治愈，若是超越了这个时效，岁月给予人的也失去了意义。

如此珍贵的岁月，理所当然悄然无息，宁静如水。白天黑夜明明给了提示，但却在日复一日，年复一年之中被模糊了。

于是，总是在不经意之中，岁月便挥手告别。

人总是在失去之后才发现，原来还有很多事情来不及去做，还有很多的人想要去见，每当白天变换为黑夜，黑夜变换为白天，都是在提示，赶紧去行动吧，去挽回，去弥补，去迎风飞扬。

但人总是迟钝的，只会欣赏日出和日落，殊不知，这是岁月对痕迹的掩饰，否则日出和黄昏，怎么都是昏暗萧瑟，步步轻，半遮面？

也因此，人总在日出之时，感到一丝激励，在黄昏之时，感到一丝怅然。

若能认真体会这之中交替的变化，大概才会知道如何珍惜岁月。

韶光逝，好花谢

柳永做了父亲之后，性子更加沉稳了，原本一家和和睦睦，其乐融融，但是母亲年岁已高，身体一日不如一日，在秋芸和虫娘的照料下，时而好转，时而恶化，但终得顺应天命，年岁已高，熬不过一个又一个的冬天。

1021 年，柳永的母亲离世了。弥留之际，母亲拉着柳永的手，还未亲眼看到疼爱的儿子取得功名，就要走了。

柳永痛哭流涕，哭喊自己是不孝之子。

母亲叮嘱秋芸虫娘好好照顾柳永，协助他走上正途，说完含着泪走了。

兄弟三人安排墓葬，此时母亲父亲都已离世，三兄弟希望父母安葬在一起，魂归故里，于是三人决定把父亲母亲的尸骨带回崇安。

古时有厚葬的习俗，但一般都是取得功名之后移葬，此时柳永和二哥还未中科举，便想按照礼法先安葬，之后再修墓厚葬。

出于对祖先的尊重，墓地必须要先请风水先生看过。如何安葬，墓地朝向，都有讲究，若是安葬不得当，便有对先人不敬的含义，先人不会保佑后人，后人将不得安稳，轻者无福无贵，重者妻离子散。下葬的日期也要看过，从汴京到崇安，一路护送，于是三兄弟请了风水先生追随，从出发日期到崇安的墓地，都有风水先生指点，这才安心。

守完三年丧的柳永已经三十多岁了，早已过了而立之年，父亲母亲都不在了，然而还未取得功名，柳永惭愧不已，不是为了自己，而是为父母临走都未能看到自己中举的时刻，带着一颗牵挂的心离世了。

于是，柳永开始加倍勤奋，一心准备举业，儿子有秋芸的照顾，自己有虫娘伴读，毫无后顾之忧。

1026 年，兄弟二人先后通过了乡试省试，谁知这一科殿试格外难。柳永兄弟二人本已通过了笔试，却在 1030 年的殿试之中双双落榜。秋芸与虫娘知道结果之后，还在想安慰之词，可谁知，柳永竟然一丝悲伤也没有，这倒让妻子和虫娘更加担心了。发榜之后的几天，柳永经常在院里赏花，其后写下：

《黄莺儿》

园林晴昼春谁主。暖律潜催，幽谷暄和，黄鹂翩翩，乍迁芳树。观露湿缕金衣，叶映如簧语。晓来枝上绵蛮，似把芳心深意低诉。

无据。乍出暖烟来，又趁游蜂去。恣狂踪迹，两两相呼，终朝雾吟风舞。当上苑柳秾时，别馆花深处。此际海燕偏饶，都把韶光与。

晴丽之昼，谁主园林之春呢？春天阳气暗催草木萌发，葱郁的深谷也变得那样暖和。清晨，黄莺在林间翩翩飞舞，露水打湿它们金黄色的毛羽，绿叶掩映中传来了它们悦耳的鸣声，绵绵如有情，低低地诉说着芳心深意。

无缘无故地，黄莺出巢飞动的时候，清晨的雾霭尚未消散，又追逐随同游蜂而去。它们行踪放浪，两两相呼应，整日雾里唱风里舞。当上林苑柳树葱郁茂盛时，在别馆花深的地方，这期间燕子特别多，都把美好时光白白流失。

虫娘最初只看了几眼这首词，想来这词是夫君见到春天的景致有感而发，可事实上，柳永只叹时光流失，自己一而再与仕途失之交臂，春光再美好，也被自己给辜负了。

后来虫娘看到柳永一副心事重重的样子，想开口安慰夫君。这美丽的景致年年都有，年年相似，今年没有，明年还会来的。望夫君不要气馁，安心赏春就好。

柳永笑起来，“虫娘，我并不气馁，只感日子飞逝，现在我已无来处，只剩去处了。”

柳永说完就想去看看儿子。儿子如今与秋芸生活在一起，柳永陪伴虫娘多，经常都是秋芸自己带着儿子，想到这里，柳永心里不免有些愧疚，如今回看这些年，仕途未得志，好在秋芸给自己留下了后人。

他和虫娘解释之后，便踱步去往秋芸的院子，远远看着秋芸，忽然注意到，她虽然和虫娘年纪相差不多，却已经是满脸沧桑了，和虫娘的光鲜亮丽不同，她经常穿着素色的衣裙，一副干练老成的样子。府邸里的事务繁多，大多都落在妻子的肩上，而自己只顾着诗词文赋，只顾和虫娘风花雪月了。

不能再让秋芸如此辛苦了，柳永走上前，握住妻子的手。妻子的手长着老茧。

这些年，柳永不在身边，妻子担负起了家中老老少少的绣活，拇指与食指生硬粗糙。

柳永对妻子说："以后不要这么劳累了，家里又不是没有仆人。"

秋芸受宠若惊，老爷今日怎么如此感伤。"我也就是闲来无事，做做也无所谓的，这绣东西的活儿府里还就我做得最好，儿子也喜欢我亲自做的鞋袜。"

正在柳永想着接下来的日子如何可以补偿秋芸之时，妻子却因一场风寒而病倒了。柳永日夜守在身边，秋芸最终还是撒手而去。此时，秋芸尚且才四十多岁，柳永为了祭奠妻子，为妻子写下：

《秋蕊香引》

留不得。光阴催促，奈芳兰歇，好花谢，惟顷刻。彩云易散琉璃脆，验前事端的。

风月夜，几处前踪旧迹。忍思忆。这回望断，永作终天隔。向仙岛，归冥路，两无消息。

这是柳永写给秋芸的悼亡之词。在光阴的催促下，花儿转眼凋谢殆尽，伊人也倏忽而逝。红颜总是薄命，上天易妒佳人。回忆过去和聚之乐，风月深情，“前踪旧迹”宛然如初，可是物是人非，令人伤怀，因为是永远的决别，人天永隔。望穿双眼，也无法再一睹芳容了。她的魂魄，归向何处，不论是化作蓬莱的仙子，还是坠入冥府，都杳无音讯。

秋芸去世之后，儿子对虫娘有一些怨念，不肯跟着虫娘生活，要独自立门户。这让柳永头疼不已，后在大哥大嫂的劝说下，柳永同意再娶一位妻子。虫娘自然是没什么意见，只是这第三位妻子还很年轻，柳永与她相差了20岁，好在也是大家小姐出身，贤惠淑德，很快就熟悉了府邸的事务，打理得得心应手。

人对死亡是有预知的吧，否则怎么会在秋芸即将离世之前，柳永才意识到自己有多么愧对她？

每个人的身边都被那么多鲜活的生命所包围，很少会有人去想先于其他这些生命结束的人都是幸福的。

死亡的难过在于，不是没有结束生命的勇气，而是相比死亡来说，更害怕的是联想到失去自己的亲人该如何继续。

生活真的是很无奈啊，死亡明明是一条解脱的后路，可是很多时候，这条后路都被感情所牵绊而变得悲伤。

人的结局是生，而不是死。死亡只是一条退路。

在灵魂的世界，起于生，终于生。

人都是让躯体受尽苦难之后，走向死亡，走向解脱的最后一条路。

人的气息、灵魂都没有因为死亡而中止，死亡只会使其升华。

人的死亡不过只是失去了一具躯体而已。

而出生，却带来了新的灵魂。

想到这里，柳永有些许安慰，父亲母亲妻子是走向了解脱的。他们在拥有下一代的生命之时，就已经不再害怕死亡。

第三卷

厚积薄发为百姓

骤香尘、宝鞍骄马

人生的坡路是圆滑的。再坚硬的石头也会被世事打磨得没有棱角。真正的改变不可能是一蹴而就的，无论前进还是后退，突如其来的拥有以及强取豪夺的失去也是冥冥之中有因才有果。生如太极，万象即星象，人如星，路是空，人生就好比一个多维空间，无论这一步的选择是什么，都牵连着后续的任意一次选择。简单的生死，却复杂得如同星辰。

幸运的人生是有一条主线的，在这条主线上下穿插恰当的距离。无论渴求什么，只在早晚，路不会偏，更幸运的人生是在这条主线道路上，有一盏明灯，光线的强弱指示着行走的人，走得远了光线变弱，走得近了光线刺眼，于是，保留着恰当的距离，平稳地过完一生。

作为出生官宦世家的柳永，是拥有幸运人生的，自出生就受父亲柳宜以及世家好友等文人的熏陶。但他一次又一次偏离轨道，走了一条前无古人后无来者的道路。

人生怎么过都不尽相同，已年近古稀的柳永不惧年龄。无论在哪个阶段什么时候朝着什么方向前进，都更靠近人生的最终位置，起步之时，没有人知道自己会停留在哪里，而停留之时，不会有人再去深究出发的早晚。

这是柳永的第五次出发。

1022 年，仁宗登基，但在很长一段时间里，太后垂帘听政，仁宗自己无法做主。

1033 年，刘太后驾崩，仁宗才真正开始亲政，为迫切更朝换代，仁宗急需招进一批新任臣子，铲除余毒势力，稳定自己的势力。因此仁宗在当政第二年便开恩科，广纳贤士。这一年，也就是 1034 年，柳永已 46 岁，但他仍然在参加科举考试的举人之中。

柳永从未想过不去走仕途这一条艰辛之路。他留恋烟花巷陌，认为人生如此虚度也无不可，但他仍然忧思科考，毕竟一件事情有了开头，都希望能有个美好的结束，一次次的尝试，一次次的努力，不知何时，就默默踏上了另外一个阶层。

这另一个阶层也是占尽了天时地利人和，最主要的是仁宗当政的原因。真宗斥责柳永写的是淫词艳曲，但在仁宗这里情况可没那么严重。

柳永出生世家，原本就拥有走进仕途的天时地利，柳永词作朴实，得百姓之喜好，拥有了为官之人和。他的仕途原本是可以更加顺利的，他本应和大多数王子贵胄一样，一心讨好朝廷，只做朝廷喜好之事。

但他没有，他找到一条自己的路，方向灯早早地被点燃，他却固执地按照自己的意愿行走，从少年开始就画出一道道别样的风景，这样的路无法和别人汇聚，虽千差万别，但更有意义。

这一年的乡试是在 1033 年秋天开始的。

这一年柳永与二哥一直考到省试，也就是 1034 年的春闱，二哥在省试中落榜了，只留柳永一人参加殿试。

仁宗当政后，殿试考官众多，因为在太祖和太宗的年代，每年的进士人数很少，皇帝尚可亲自阅卷。但在仁宗年代，进士人多，皇帝一人阅卷不免劳累，于是增加了不少的考官先做一轮甄选，再递交皇帝。

这一年，柳永终于高中三甲。

这一年，探花柳永 48 岁。状元张唐卿，25 岁，榜眼苏舜钦，23 岁。当他终于听到自己的名字之时，痛哭涕零，柳永跪了下来，连说三遍："皇上万岁万岁万万岁"。直到二哥把他扶起来。

柳永总算坐上了朝廷派出的沙苑马，胸前扎一朵大红花。从考院到府中，首当其冲的当然是状元，柳永和其他人随后，他们被两排卫士包围，前面有专门的兵士开路，一派风光。

游完汴京，再过几月，就到了朝廷宣布差遣的日子，柳永属于第三甲，被派到睦州做推官。

宋代时分，睦州属于两浙路，两浙下辖平江，镇江二府，杭、越、湖、婺、明、常、温、台、处、衢、严、秀十二州，睦州下辖建德、淳安、桐庐、分水、遂安、寿昌六县。宋代的路相当于现在的省，州相当于现在的地区，府和州同级，当政治经济发展到一定程度才能由州升为府。宋按州分为六格，依次为都督州、节度州、观察州、防御州、团练州、刺史州，柳永所在的睦州属于团练州。

宣布完差遣，皇帝设琼林宴招待进士，既然是宴会，免不了赋诗作词助兴，世人皆知柳永熟络各色歌妓，这事情就交给了柳永。他叫来心娘佳娘等歌妓，唱的都是祝贺喜庆之词。宴会中间，进士们开始嚷着做几首新词，正好汴京城最好的歌妓在此，现做现唱，或许能成为北宋歌舞史上的一部佳话。

心娘佳娘也翘首以盼，这真的是难得的机会，多亏早年有缘认识柳永，想着今日柳永的词一定要唱得最好，以此作为报答。

开头的是状元郎，不过他带着一丝不屑地说，这情爱之词，还得柳公子来作才行。

乐师和歌妓见状元郎如此傲慢，就开始提前奏乐给柳永助兴。心娘鼓动大家说，“这作词的精妙，在场的也就柳公子最懂了，柳公子的喜词，喜鹊来学也学不会啊。”

柳永被科举的喜悦笼罩，那些嘲笑被抛到了脑后，兴致盎然地吟出一首：

《柳初新》

东郊向晓星杓亚。报帝里、春来也。柳抬烟眼，花匀露脸，渐觉绿娇红姹。妆点层台芳榭。运神功、丹青无价。

别有尧阶试罢。新郎君、成行如画。杏园风细，桃花浪暖，竞喜羽迁鳞化。遍九阳、相将游冶。骤香尘、宝鞍骄马。

他一边吟，歌妓们一边合，说不尽的喜悦美妙。有几个不胜酒力的进士竟舞了起来。

果然，这首琼林宴祝酒词很快就传遍汴京城，成为城里百姓茶前饭后的美谈。

状元张唐卿的词作也是工整精致的，但之后有何作为，有何诗作，已被后人忘却。柳永的诗词则流传民间，流传千年。

此后不久，新进士们便要陆续赴任了。本来柳永是要带着全家一起赴睦州的，但是因为儿子婚期将近，只能把夫人与儿子留下来，柳永和虫娘先行了。

临近赴任日期，柳永喜悦激动之情难以言表，嘱托完家里老小之后，便泛舟南下睦州了。这一南下，柳永又想起最初游学时与发妻告别的场景，如今又是与妻子告别，因把妻子儿子丢下而满怀愧疚之情，也不知他们在府中可好，万万不要像发妻一样，再聚就已物是人非。

虫娘看出了柳永的心思，知道柳永担心汴京府中，心想如今这思念之情何不找点寄托，好让老爷得以释放？于是，虫娘提议，老爷何不为夫人写首词呢，一来可以寄回去告慰夫人，二来也可疏解思念。

柳永正有此意，虫娘跟随自己多年，没有人及得上她对柳永的了解，柳永拿来纸墨，写下：

《红窗听》

如削肌肤红玉莹。举措有、许多端正。二年三岁同鸳寝。表温柔心性。

别后无非良夜永。如何向、名牵利役，归期未定。算伊心里，却冤成薄幸。

虫娘一字一句复述下来，连自己都被老爷对夫人的感情所感动了，一点醋意也没有，她们早就是一家人。柳永的关怀超越了爱情，对府中的人皆是如此。这也是虫娘越来越理解以及一直跟随柳永的原因。

写完，虫娘收起纸卷，对柳永说，等我们下了船，就找人给夫人送回去，夫人看到一定很开心。过段时日，等我们安顿好了，就早点接夫人和涚涚过来。柳永欣慰地握着虫娘的手，这才感觉到，此番南下，确实和少年之时不同了。

柳永到睦州上任之时，恰逢他所崇敬的范仲淹移至苏州。新知州为吕蔚，这吕蔚是太宗名相吕端之子。吕端行事果断大胆，吕蔚也是如此。吕蔚早知奉旨填词的柳永，无论气度还是才华都让吕蔚欣赏敬仰，再加上柳永到任之后，处理事务稳当妥善，并非朝廷那些官员所传，风流不羁。吕蔚就写了推荐表上奏，望此人才受朝廷重用，递交两次之后，吏部批了下来，迁柳永为余杭县令。

吏部下达通知当天，柳永回家告诉虫娘这件喜事。虫娘高兴之余，不忘提醒柳永，我们要早点通知夫人，让她直接去余杭。

伤漂泊

柳永在睦州交接完事务，便带着虫娘坐船赶往余杭。此时的柳永心情大好，早已忘记这些年科考的波折，一如少年高中，而余杭的大好河山，正等着自己大展鸿鹄之志。

告别睦州，驱舟余杭，这一路青山绿水，时不时听到渔民高歌，茶女欢笑，一场小雨过后，景色宜人，空气恬淡，波似染，山如削，柳永不禁开始扶舟吟词：

《满江红》

暮雨初收，长川静、征帆夜落。临岛屿、蓼烟疏淡，苇风萧索。几许渔人飞短艇，尽载灯火归村落。遣行客、当此念回程，伤漂泊。

桐江好，烟漠漠。波似染，山如削。绕严陵滩畔，鹭飞鱼跃。游宦区区成底事，平生况有云泉约。归去来、一曲仲宣吟，从军乐。

虫娘作为第一个欣赏此词的人，她感叹说，“老爷如今的词风有点变化。”

柳永问，“哪里有变。”

虫娘说，“更豁达爽朗了。”

确实如此，这江南美景，柳永不是第一次见到，但以往的柳永因景移情，重的是情。如今，人生过半，情被放开，加上终于踏上了正途，人就如同被雨水滋润的叶子重新舒展开来。

柳永对虫娘说，能有一处报效朝廷，为百姓造福的位置，死后也算有脸见父亲母亲了。

余杭虽为一个小县，但这里几乎拥有了富饶江南的所有美景——各种奇山峻岭，碧湖绿水，怪异溶洞，以及北宋领先掌握的造纸、煮盐技术。

余杭离睦州还有段距离，大概是因为心情愉悦，路途也不觉得劳累。到了余杭之后，远远看到一队人马迎候，柳永跳到岸上，又伸手扶虫娘上岸，一队人马立即行礼，迎接新任县令上任。柳永和虫娘坐上马车，随行的人员让柳永好好安顿下来，休息几天，再去县衙了解事物。但柳永已经等不及了，第二天便来到府衙，命随从将余杭县的资料拿来。余杭这大大小小十几处村落，柳永很快就熟悉了位置，记在心里，吩咐下去，准备马匹，他要亲自前往了解民风民情。

在巡防县城村落时，柳永发现农村特别多文盲，而且这根深蒂固的原因是老一辈父母认为学习没有作用，因此导致一代又一代的文盲产生。回到家，柳永写下劝学文：

《劝学文》

父母养其子而不教，是不爱其子也。虽教而不严，是亦不爱其子也。父母教而不学，是子不爱其身也。虽学而不勤，是亦不爱其身也。是故养子必教，教则必严；严则必勤，勤则必成。学，则庶人之子为公卿；不学，则公卿之子为庶人。

柳永吩咐府衙文书抄送百遍，张贴在余杭县城四处。

江南地属平原，本无高山，但这余杭却是江南山岚众多的一处县城，山路不好走，有许多村落隐藏在群山之中。柳永带上两名衙役准备由东往西，挨个巡视。

余杭有盛产造藤纸术的由拳村。由拳村的村民均以造纸为业。柳永早就好奇这造纸的流程，加上这也是余杭经济发展的重镇，于是第一个去的就是由拳村。虽说柳永带的人并不多，但村子里的人还是得到了消息，早早迎候新任县令的到来。柳永赶紧让村民平身，带领他和衙役去参观造纸流程。这由拳村不愧是造纸村，一走进村的主街道，就能在空气中闻到纸浆的味道。这和平时所使用的纸张味道不同，是纸浆混杂在潮湿的空气中的味道。走在街道上，四处可见袖子挽到手臂上和脖子围着擦布的造纸工人，每个人都看起来专业朴实。

柳永一行只见村子正中心有个牌坊，上面画着一幅造纸的工作图，旁边最大的一个作坊直接延伸到远处的河流。

柳永问正在忙碌的造纸工，“师傅，这一天能生产多少张藤纸啊？”

那造纸师傅头也不抬，手上还不停地捞着纸浆，“这纸浆过滤好，一个月能生产一百余张吧。”

一个月这么多造纸工人的辛苦劳作，才生产出一百张藤纸，柳永不禁感受到纸张的可贵，回想以前自己实在是太过于浪费了。

视察完造纸流程，时间已到晌午，村民们请县令大人去家里吃饭，柳永没去，坚持和作坊的工人一起吃。

村民们非常为难，可是又拗不过柳永。这时，只见远处走来三个村妇，每人拎着一个大桶，第一桶是米饭，第二桶土豆炖肥肉，第三桶是陈茶。

这便是造纸工人的午饭？

村妇们很不好意思的说，“是，委屈了县令大人和我们一起吃苦了。”

柳永说：“没有你们的辛苦劳作，余杭县就没有收入，是你们养活了我们这些官，我们理当与民同苦。”

柳永挽起袖子，蹲在街边，拿起碗，舀一碗饭，再舀一勺土豆汤，津津有味地吃起来。这跟随的衙役从未见过如此随意的县令大人，还有些诧异，不过也跟着柳永一样，一人端了一碗饭，蹲在路边吃起来。

见大人们都盛好了饭，造纸工人这才聚集起来用餐。吃完，柳永又舀起一碗茶，边喝边和造纸工人们聊了起来。“这纸张一直是贵重物品，不知造纸一年能有多少收入？”

“这大部分纸都进贡了朝廷，小部分卖给镇里的商贩，就够个温饱。”工人回答。

柳永意识到这些造纸工人辛辛苦苦造的纸，大部分都是白造的，都要进贡朝廷，不免认为朝廷榨取民脂民膏，但自己现在毕竟还是当官的，心有不满，却不好在百姓面前表现出来。

回到府衙，柳永开始查阅江南造纸术的资料，虫娘也在旁帮助翻阅。柳永对虫娘说：“这造纸工人实在辛苦，付出了劳动汗水，自己却没有收获，那些朝廷收到纸张哪里会想到这工人如此辛苦？得上报朝廷禀明此事。”虫娘阻止说：“虽然现在仍然是进贡朝廷为主，但市面上流动的纸张已经比以往多了很多，江南一带从商的风气相对于汴京，已经算是开放了。”这样一说，本想上报朝廷的柳永停了下来，虫娘说的有道理，我初到余杭，还是多了解余杭的各个层面再做打算吧。

这一月过去，夫人和涚涚也到了余杭，柳永亲自去码头迎接。谁知回来的路上，一民妇扑通跪下拦住了柳永的去路。衙役把民妇赶走，对民妇说："你有啥冤枉去县衙敲鼓，不要挡在路上。"民妇就追着马车大叫冤枉，"青天大老爷，我夫君是冤枉的啊。"一时街道聚集了不少看热闹的人。这个地方离府衙已不远，柳永便没有下马车，而是吩咐衙役把她带到县衙。

还未来得及安顿夫人儿子，只好让虫娘带她们住下，柳永去了前堂。那民妇见大人来了，便开始哭诉："老爷，上个月我夫君因为抢劫入了监狱，他是冤枉的啊，这好几个月我都见不着大人，无处申冤。"

柳永吩咐文书拿来卷宗，原来此女的夫君因为抢了东边饭店老板的玉佩而入了监狱。于是柳永问妇人："你说说，是怎么冤枉的？"

"我夫君祖上是大户人家，后来家道中落，他母亲临去世前传给了他一块玉佩，可谁知前些年不见了，夫君原本和东边饭店老板是好友，经常一起吃饭喝酒，就在上个月，他看到玉佩就挂在东边饭店老板的腰上，便拿起玉佩想询问，谁知那老板就叫嚣起来，说我夫君要抢他玉佩，被抓了起来，案也没审，就关到现在。"

"岂有此理。"

此时衙役在耳边说了几句："这东边饭店老板是上任县令的亲戚，且这妇人说玉佩是他夫君祖上传下来的也没证据，当时衙役赶到时，他夫君也不归还玉佩，就紧紧攥着，饭店里的人都能作证玉佩就是老板的，这才抓了起来。"

“亲戚就可以如此草草了案吗?”柳永最恨这种敷衍，决定重新审案，便去了牢狱，细细审查过后，发现确实冤枉了这妇人的夫君，便当场释放了。

柳永从这个案件中体会到牢狱中多有冤案，于是把所有卷宗都调了出来，牢狱中的每个人的案子都重新审查了一遍，当场释放的嫌犯们都下跪说，余杭来了一位青天大老爷，是余杭的福气。

虫娘在街上听到了这些传闻回府夸赞柳永，柳永心里很是畅快，这比以前在青楼听曲喝酒有意义多了。

审完冤案，又到了柳永巡视乡镇的时候了。炎夏即到，正是煮盐的好时机，所以下一站柳永准备去参观煮盐流程。

在去的路上，恰逢一场夏雨，天气由炎热变得凉爽，加上柳永刚刚处理完冤案，觉得余杭的冤案都得以昭雪，不免心旷神怡。眼见这路上断霞散彩，残阳倒影，景色迤逦如画，柳永写下：

《玉山枕》

骤雨新霁。荡原野、清如洗。断霞散彩，残阳倒影，天外云峰，数朵相倚。露荷烟芰满池塘，见次第、几番红翠。当是时、河朔飞觞，避炎蒸，想风流堪继。

晚来高树清风起。动帘幕、生秋气。画楼昼寂，兰堂夜静，舞艳歌姝，渐任罗绮。讼闲时泰足风情，便争奈、雅歌都废。省教成、几阕清歌，尽新声，好尊前重理。

一路的美景到了盐场便戛然而止。烈日当头，男女老少一齐出动，在盐场上紧密锣鼓地劳动着，只见青壮年将盐土挑到平地，铺开之后，老人小孩们来回翻动，不停地晒，一个个盐民汗流浃背。

听盐民说，这还只是煮盐的准备阶段，等夏天过去，就要开始把盐倒进大锅里煮，一直煮到盐成形，这才能装进袋里，交由官差押运走。

柳永问盐民："官差当场结算盐款吗？"

盐民说："哪有什么盐款，抵掉税租，还能有饭吃，就不错了，你以为这些盐民都是来赚钱的？都是穷到没饭吃，混饭来的。"

柳永默然，他发现余杭盛产盐，但这煮盐竟然比造纸还要辛苦万分，盐民们养不活家人，几乎是全家出动，才能勉强过得下日子。这下柳永终于忍不住了，他必须要让朝廷知道百姓的心声，否则当这一方官差，有什么意义？

回到家之后，他写好奏本，准备让衙役送去。衙役却说，以前的县令从未直接写过奏本，也没这个先例，得和上级商量，交由上级去写这个奏本，柳永是无权上奏的。

柳永心里郁闷至极，于是和虫娘倾诉。虫娘说："您写个奏本差人送到朝廷，恐怕数月也到不了皇上手中，甚至早早就被拦截下来，您何不写首词呢，群众的力量是庞大的，流传的速度可能比奏本还要快，范围还要广，或许能得到朝廷的注意。”柳永深以为然，于是写下有名的“上奏词”：

《煮盐歌》

鬻海之民何所营？妇无蚕织夫无耕。衣食之源太寥落，牢盆煮就汝输征。年年春夏潮盈浦，潮退刮泥成岛屿。风干日曝咸味加，始灌潮波塯成卤。卤浓盐淡未得闲，采樵深入无穷山。豹踪虎迹不敢避，朝阳山去夕阳还。船载肩擎未遑歇，投入巨灶炎炎热。晨烧暮烁堆积高，才得波涛变成雪。自从潴卤至飞霜，无非假贷充糇粮。秤入官中得微直，一缗往往十缗偿。周而复始无休息，官租未了私租逼。驱妻逐子课工程，虽作人形俱菜色。鬻海之民何苦门，安得母富子不贫。本朝一物不失所，愿广皇仁到海滨。甲兵净洗征输辍，君有馀财罢盐铁。太平相业尔惟盐，化作夏商周时节。

关于煮盐的流程，有资料记载，供后人了解。先是煮盐，煮盐原为直接煮海水为盐，从东晋末年至隋唐时期，发明了开辟亭场、晒灰淋卤，然后采用盘铁、锅鏾煎煮卤水制盐，其主要生产设施为：亭场，灰坑，卤井，卤池，盘铁等。其过程非常漫长辛苦，每一步都需要耗费大量的人力，天未亮就要开始劳作，一直做到天黑。盐民周而复始没有休息，许多盐民甚至在晒盐过程中劳累致死，盐场就如同一个火葬场，若不是为了一口温饱，若不是朝廷所逼，没有人愿意去做这种差事。

柳永越写越气愤，越写越直白，完全忘记自己也是朝廷中人，竟在词中写道："官租未了私租逼"，但柳永没有放弃把这首词散播开来。以往写歌妓作乐之词，没有想过最后谁人来唱，谁人会记住，如今这首《煮盐歌》，柳永却无比希望人人会背，人人会唱，得以快速流传至整个汴京，让朝廷中人知晓在这边远地区有多么不公正之事。因此，刚刚写完，柳永就差人暗自送往汴京的几家大酒楼，让说书之人日日唱，好让一些有意的听者打听这词中讲的是什么事情。

所谓"好官"，不是一种对于官的评判标准与类别的划分，而是一种仕途中人的理想追求。但凡没有这种追求的官，必定无法成为真正的好官。如果由神仙来管理人间，那么就不会出现贪官污吏，可见凡人皆有人性，为己之私的界限也不是非常明了，评判好官的标准若从人性出发，也是可以有共性的。

凡是为百姓谋福利的官都非常具有草根气质，这种气质似乎与生俱来，但也包含了后天的磨炼，这种草根气质的官是喜欢和平民百姓混在一起的，和百姓之间没有一点距离，但凡好官，你走近他，就能嗅出泥土气息。

在某些方面，这样的官是欠缺章法、不合乎体制规则的，官服乌纱帽之下的人似乎应该有着千篇一律的表情，带着千篇一律的官腔。但好官不会。

好官通常是和百姓无距离感的，但大部分官员认为和百姓混在一起的官是混乱肮脏的，草根始终上不了台面，想要层层晋升就应该洁身自好，毫无半点人性。但人怎么可能没有人性？这种过高的期望成就了一批又一批的衣冠禽兽，表面上的雄才伟略只是地下的政治阴谋，弯腰奉承和假笑成了官场标志性的动作和表情，恶劣的惯性最终使他们失去了真诚、信任等人本拥有的真性情，连对待亲人朋友都不自觉带着手段。

在地方做官，很重要的一点就是和百姓相通。大的政策往往不由地方官所制定，但实施和传达功能完全交给了地方官吏。有很多的便民政策，能不能够被百姓知晓运用，地方官吏的责任重大。所以和百姓保持距离，做一名冷酷无情的地方官，根本就不是为官的正确道路。不止如此，如果地方官吏只知做好本职工作，不能和百姓站在一起，那顶多算是一个机器，百姓也会避而远之，这样对了解民情，得到反馈也是不利的，这样的官也不能称为好官。

柳永不只是一名词人，不只是一名风流才子，他自始至终都在追求做一位好官。学而优则仕，不过柳永也不止追求做一名地方官，他的后半生几乎都在为了升迁而奔波。

1036 年，柳永拿来欧阳修的《泗州先春亭记》给众人欣赏，实际上是为了效仿张候建造楼阁，众人的想法与柳永不谋而合，大家都认为自从柳永来到余杭县，巡视民情，昭雪冤屈，深受百姓爱戴，在百姓心中的地位早就和张候相同，只缺一座楼阁了，建造楼阁不仅可以供百姓休息，也可以给后人留下纪念。

于是柳永决定下令择日开始动工，柳永问众人："大家认为这楼阁建在哪里？叫什么名字好呢？"

有人说建在县城东边的路口，有人说建在县中心地带。后来柳永说："这楼阁最好建在四眼望去既能看到余杭县城，又有一眼景致的地方，你们看建在通济桥南边如何？靠着水边，眼前也很敞亮，这名字嘛，就叫玩江楼吧。"

1037 年，楼便建好了，揭幕那天，全城百姓都来了，县衙请了舞狮唱曲，官民同乐，一天下来好不热闹。

修建完楼亭的这年，是柳永在余杭任县令的第二年。宋代的升迁制度，只有做满四年县令，才能有机会改官，改官就是宋代的升迁制度，做县令的时期被称为亲民时期，其后才能进入更高的位置。

由于柳永在余杭期间政绩优秀，加上上级对他的肯定，很快柳永便接到了调遣命令，移任泗州判官。

在余杭最后的日子里，柳永因为长期奔波各处村镇，过于劳累，被病魔所缠绕，久久不能治愈，后来请了个神医，开了个偏方，才有所好转，也就是在这段时期，为了转运，虫娘去寺庙里求得改名签，柳永才从以前的柳三变更名为柳永。

余杭到泗州路途，柳永写下一番感慨：

《安公子》

远岸收残雨。雨残稍觉江天暮。拾翠汀洲人寂静，立双双鸥鹭。望几点、渔灯隐映蒹葭浦。停画桡、两两舟人语。道去程今夜，遥指前村烟树。

游宦成羁旅。短樯吟倚闲凝伫。万水千山迷远近，想乡关何处？自别后、风亭月榭孤欢聚。刚断肠、惹得离情苦。听杜宇声声，劝人不如归去。

独自靠着船舷向远处的岸边望去，淅淅沥沥的雨快要停歇了。天空中还是布满黑云，让人觉得仿佛到了傍晚时分。水边的小洲上一片寂静，并没有采摘香草的女子。放眼望去，只见双双鸥鹭立在水边。一阵风拂过芦苇荡，芦苇轻轻摇晃，几点渔灯时隐时现。舟上两人在闲谈，一人问：“今晚宿在哪儿”？一人手遥指远处，烟雨绿树中隐藏着一处村庄。

你四处为官，早已成了他乡客。闲倚桅杆，凝思长久立。望，万水千山迷茫远近处。家乡在何处？亭台楼榭依旧在，不见人欢聚。想到此，肝肠寸断，离情苦。却听到，杜鹃声声叫“不如归去”，让你更添愁绪。

在宋代，泗州属于淮南路，淮南路下辖临淮、盱眙、招信三个县，从余杭到泗州，要经过楚州，所以柳永写下这首《过涧歇近》。由余杭到泗州夏天的景致虽美，但显然柳永已经开始厌烦四处奔波。

《过涧歇近》

淮楚。旷望极，千里火云烧空，尽日西郊无雨。厌行旅。数幅轻帆旋落，舣棹蒹葭浦。避畏景，两两舟人夜深语。

此际争可，便恁奔名竞利去。九衢尘里，衣冠冒炎暑。回首江乡，月观风亭，水边石上，幸有散发披襟处。

这首词作里，柳永写到了“厌行旅”，地方官吏的艰苦之一便是生活颠沛流离，这种颠沛与自己流浪不同，这是服从上级指令的颠沛，上级让你去哪里就只能去哪里。地方分好坏，不是大的地方当官就好，也不是偏僻的地方更艰苦，很多时候看一个地方的经济发展，有些城镇地方虽小，但商业发达，地方人民世代安居乐业，鸡鸣狗盗之徒较少，官也会做得更加轻松。

一般来说，如果官级是平调地去往另一个地方，那地方官吏是会希望自己的调动不要过于频繁的，但对于在地方做亲民实习，也就是像柳永这般家本在汴京，但却去小地方历练的，调遣可写为日后改官的履历，地方越多，履历越厚，再加上柳永每到一个地方，直属上级以及百姓都称赞不已，这对于柳永的改官是非常有利的。按这种发展，柳永入朝为官很快就能实现。

柳永携家属到达泗州之后，与前任判官做了交接，便开始研究泗州的资料，他到任泗州的时候，泗州的知州正是前面所提的欧阳修《泗州先春亭记》中所写的清河张候。柳永在欧阳修的作品中对他的政绩已经了解，所以对这位知州很是钦佩，自认为必须要做到更好才行。

宋代的改官除了自身政绩优秀之外，也是需要上级主动推荐的，这是一种制度，而柳永能够从余杭县到睦州，显然是因为得到了他的直属上级也就是杭州知州的举荐。

到任泗州不久，柳永就快要满四年之期，所以一直在为改官做准备。改官是需要面见皇上的，这虽是一个好机会，但是稍有不慎，不仅改官不成，还有可能终身被贬，无法翻身。

因此柳永也经常去拜访故人，希望得到上级一些指点。好在此时的杭州知州还有清河张候对柳永都很是欣赏，层层审核下来，柳永很快就接到了准予改官的通知。

接到通知之后，柳永即日就起程了，这一路上无风无雨，畅通无阻。一行人都认为是个好兆头。果然，柳永面见仁宗，得到了仁宗的肯定，得以改官为著作郎，去任永安县陵台令之职，也就是管理宋室帝王陵墓祭祀的官。著作郎是从七品的，但当时太祖与太宗葬于洛阳永安，而永安县令兼陵台令是从六品，因此柳永算是升迁了，可见如今的柳永总算得到了皇帝的认可。管理护卫先祖的陵寝在宋代是很重要的职位，这在当时是和国运联系在一起的，若是先祖的陵墓有问题，那么也预示着国运不祥，将有国难。因此仁宗对柳永可谓是委以重任了。

吏部颁下改官指令之后，就安排了官人去接柳永家属回汴京。而汴京离洛阳不远，很快柳永就到了永安县。

原本柳永认为永安县城应该比较僻静，没想到主县城很是热闹，不比汴京冷清，街道上也有不少歌舞坊，直到主街道走完，仍未到达府邸。原来居住的府衙设在陵台不远的地方，方便管理，因此和居民区有很长一段距离。

到府衙之后，官家早就把关于陵台的资料整理好放在柳永的书房里了。整整几十本厚如砖块的资料，分别有每个皇家陵寝的绘图，整个陵墓区的位置走向，每位先祖所需的不同祭祀品种类，祭祀的各种器具绘图，每年需要更换的物件，皇家祭祀的接待礼仪，以及永安县被雇佣的护林人名册，等等。

柳永大概翻阅了之后，认识到陵台令的主要职责是率领护陵兵护卫好先祖皇帝的陵寝，管理好陵墓的环境、贡品、祭祀、祭品等，若是皇亲前来祭祀，也需要护卫其安全，陪同祭祀，主持引导礼仪。

随后柳永和护陵军一同巡查了宣祖永安陵、太祖永昌陵、太宗永熙陵、真宗永定陵。巡查下来，柳永发现这陵墓的面积竟然比余杭整个中心县城还要大，管理下来确实困难，大部分陵墓积满灰尘，这是对先祖的不恭，还有一些祭祀物品缺失了，有些年代久远的建筑甚至已经损坏。想来是上任陵台令位置空缺很久，需要整改的地方有很多。

巡查完后回府衙，柳永吩咐仆人去补办购买缺失的祭祀物品，其他的还需慢慢修复。

柳永本想亲自监督补办过程，但与此同时收到了邀请函，许州的知州吕夷简邀请他一起去巡视颍州。吕夷简与柳永并不认识，只是吕夷简在邀请函中说，仰慕柳永才华已久，喜好柳永出游之词，所以邀请柳永。柳永想到年少时也想去拜访仰慕之人，却被拒绝的往事，于是答应了邀约。

颍州风景别致，巡视完工事之后，吕夷简邀请柳永一起游颍州西湖，盼柳永写下美妙词曲供大家欣赏。柳永见颍州小家碧玉般的西湖，写下：

《如鱼水》

轻霭浮空，乱峰倒影，潋滟十里银塘。绕岸垂杨。红楼朱阁相望。芰荷香。双双戏、鸂鶒鸳鸯。乍雨过、兰芷汀洲，望中依约似潇湘。

风淡淡，水茫茫。动一片晴光。画舫相将。盈盈红粉清商。紫薇郎。修禊饮、且乐仙乡。更归去，遍历銮坡凤沼，此景也难忘。

轻淡的云雾漂浮在空中，无序山峰的倒影弥漫相连，映在这长达十里、清澈明净的池塘上。池塘岸上，垂柳迤逦曲折，华美的楼房遥遥相望。池塘水中，菱角散发出清香，鸂鶒鸳鸯成双嬉戏。新雨后，站在长满兰草与白芷的水中小州上望去，如同湘江尽头的洞庭湖一样美。

风轻淡微弱，水广大辽阔。风轻轻吹动起一片水波，画舫相连，身姿轻盈的美女在船上清唱小曲。中书侍郎祓禊开怀畅饮，如同醉乐于仙界。纵然归去，此景也难以忘怀。

“风淡淡，水茫茫。动一片晴光。”柳永一边写，吕夷简一边念。念到此处，吕夷简忍不住停了下来，说道：“原以为眼前的景色够美，谁知柳大人词里的景色才更美！我只看到眼前一片水波，哪里感受到了微风与云雾，即使感受到了，也无法直抒情怀，但柳大人的词代替我说了此刻的心情，畅快！”

离开西湖，走到颍州的街道，柳永缓缓写下：

《玉蝴蝶》

渐觉芳郊明媚，夜来膏雨，一洒尘埃。满目浅桃深杏，露染风裁。银塘静、鱼鳞簟展，烟岫翠、龟甲屏开。殷晴雷，云中鼓吹，游遍蓬莱。

徘徊。集旗前后，三千珠履，十二金钗。雅俗熙熙，下车成宴尽春台。好雍容、东山妓女，堪笑傲、北海尊罍。且追陪，凤池归去，那更重来。

春天来了，京郊的景色渐渐鲜妍悦目。昨夜下了一场春雨，洒湿凡尘。满眼都是浅色的桃花和深色的杏花，露水将它们染色，春风为它们裁衣。安静的银白色的水塘，水面的波纹就像卷着的竹席慢慢展开，从岸边一层推一层，形成如鱼鳞一样的水上画面。云雾缭绕的山峰已然翠绿，龟背一样的丘陵就像孔雀开屏一样美丽。权贵郊游的乐队吹起鼓乐，声音如雷，在云雾间环绕。我游遍了山间美景。

遇到权贵的车仗，我徘徊在车仗周围观看。权贵带了许多女眷和文人，他们下车野餐，餐饮的场所选择在风景美好的地方。权贵带来的妓女雍容华贵，他真有东晋谢安的儒雅之风。而陪他饮酒之人极善饮酒，可以和汉献帝时的孔融媲美。姑且也追随他做个陪客，什么时候能再来呢！

吕夷简称赞之余，连连感叹在游玩之中还有幸欣赏柳永之词，真是不枉此行。

此时的柳永虽然心系新任差事，但颍州的风景确实让人心旷神怡。回到洛阳，正好接夫人和虫娘的官人也到了，一家人终于团聚，柳永甚觉安心。

有了虫娘夫人在身边照料，柳永开始全心整治陵区。

虽说上任陵台令空缺了一段日子，但看陵墓以及陵区的周围环境，不像是几月没修理的样子，特别是陵区中的树木，原本是交给当地百姓来种植护理的，可现在正当春季，林子里的树大部分还不见绿色，应当是因为连续几年没人施肥修剪。

官家准备的资料中显示，朝廷每年对护卫树木的百姓不仅不收税金，还发放许多种植补助，不应是现在这番景象，于是柳永决定微服私访，摸清原因。

还未走到陵区，柳永就被路边一则招工布告吸引到了，上面写招募会种植养树的本地农户若干，一月能得一斗米。

柳永有点疑惑了，朝廷给当地百姓的银子远远不止一斗米，怎么这里在私招农工？而且这摊位很是火爆，有一群人挤着要去登记。

柳永拉到一名百姓就问，这陵区内的养树人不是有朝廷登记好的农户么，难道这农户还不够？

这百姓看了一眼柳永说："你是新来县里的吧，拿朝廷银子的人怎么会去翻泥巴伺候林子？在土里待着养树的人都是穷得吃不上饭的人。"

原来如此。一层层下去，朝廷发放的抚恤金根本就到不了当地百姓手上，都被一些早期的地主人家给霸占了，再雇佣新的农民去种地。真正的农民工饭也吃不上，哪里还有力气去好好地养护陵区的林子？

柳永回家将此事跟虫娘讲，想和虫娘一起思索纠正之策，怎样既不会让皇帝雷霆大怒，又要有个万全之策把抚恤金发放到百姓的手上。想来想去，还是要从名册着手，这名册绘制的方式有一些年代了，奉行的是世袭制度，父母为护林人的，儿子将来继承抚恤金，并且要去养护林子。

恰好朝廷给了柳永处理名册的机会，于是柳永按照名册依次去做巡防，果然发现有一些护林人都已搬家还差人来拿抚恤，却没有去履行护林的任务，拿了朝廷的银子，只需再花一小部分就可以雇农户去顶替他们。

于是，清理名册成了柳永来到永安后做的一件非常重要的利民好事。

在此举动之下，陵区逐渐恢复了往日的整洁。当地的农户不禁称赞这位远调而来的陵台令，护卫陵区也更加积极了。

1041 年，柳永任职满三年，由于备受仁宗青睐，一到任期，就转为太常博士，可携家眷回汴京。

太常博士是太常寺的官员，太常寺，封建社会中掌管礼乐的最高行政机关，秦时称奉常。

柳永精通音律和辞赋，仁宗迁柳永为太常博士，可谓是让柳永去到了该去的地方。

回到汴京，一切早已不是原来的模样，柳永回到了以前的府邸，命人重新修葺了一番。此时柳永已 54 岁。

能回到汴京，柳永感恩仁宗的厚待，在这段时间写了许多歌颂圣恩的词，一改往日潇洒不羁的风格，但柳永是真心欣赏爱戴仁宗的。他的词都发自内心肺腑，若是无真心，也就无柳词。

《透碧宵》

月华边。万年芳树起祥烟。帝居壮丽，皇家熙盛，宝运当千。端门清昼，觚棱照日，双阙中天。太平时、朝野多欢。遍锦街香陌，钧天歌吹，阆苑神仙。

昔观光得意，狂游风景，再睹更精妍。傍柳阴，寻花径，空恁身单辔垂鞭。乐游雅戏，平康艳质，应也依然。仗何人、多谢婵娟。道宦途踪迹，歌酒情怀，不似当年。

这首词上片表现北宋时帝都繁荣昌盛。先写月光下祥烟缭绕的京城，盛赞国运昌盛，次写日光下的宫殿，富丽堂皇，然后再写“朝野多欢”的场景。然而对柳永来言，却是有自己的愁怀，由过去的“狂游风景”到现在的“宦游踪迹”，由过去的“观光得意”“歌酒情怀”到今天的寂寞情怀，两相对比，不似当年，更能突出今非昔比的感伤和无奈。

《玉蝴蝶》

误入平康小巷，画檐深处，珠箔微褰。罗绮丛中，偶认旧识婵娟。翠眉开、娇横远岫，绿鬓亸、浓染春烟。忆情牵。粉墙曾恁，窥宋三年。

迁延。珊瑚筵上，亲持犀管，旋叠香笺。要索新词，殢人含笑立尊前。接新声、珠喉渐稳，想旧意、波脸增妍。苦留连。凤衾鸳枕，忍负良天。

我无意间进入妓女聚居的平康坊的小巷。在有画饰屋檐的青楼深处，珠帘微微撩起。在美女丛中，偶然辨认出名叫婵娟的旧知。婵娟舒展的青黛画眉，妩媚可爱，犹如横卧在远处的峰峦；下垂的乌亮头发，浓密凝厚，犹如被染上春天的云烟。婵娟对我的爱慕，就如宋玉东邻那位漂亮的姑娘爱慕宋玉一样，攀上墙头观望宋玉三年之久。

婵娟徘徊在俊才云集的宴席上，亲手持管笔，又折叠香笺。娇柔的人儿含笑婷立于席桌前，向我索要新词。婵娟按照我新作的词曲唱了起来，歌声渐渐工稳，如珠落玉盘般的动听。婵娟似波的脸颜上此刻增添了艳丽，一定是想起了昔日的情意。婵娟对我苦苦挽留，面对分别绣有凤凰与鸳鸯花饰的被子和枕头，我怎忍心辜负这美好时光。

《西施》

柳街灯市好花多。尽让美琼娥。万娇千媚，的的在层波。取次梳妆，自有天然态，爱浅画双蛾。

断肠最是金闺客，空怜爱、奈伊何。洞房咫尺，无计枉朝珂。有意怜才，每遇行云处，幸时恁相过。

柳永描写的是万娇千媚的“美琼娥”西施与才华横溢的“金闺客”范蠡相互之间“咫尺天涯”的断肠相思之情。西施作为越国女间谍，为了复国，在吴王身边朝夕相处长达十四年之久，而与自己的丈夫范蠡“咫尺天涯”，彼此的相思之苦，令人肝肠寸断。

元宵灯市的柳巷花街美女如云，全都逊色于美如嫦娥的西施。她集万千娇媚于一身，目中含有重重波浪，目光澄清空明。自幼天生丽质，喜欢浅眉淡妆、随意打扮。

最悲伤的是宫禁之臣范蠡，徒然爱恋着西施，可又有什么办法呢？西施的秀阁咫尺天涯，无计可施，枉自有那千里马啊！西施对才华横溢的范蠡有着深深的爱恋之情，每次路遇欢会处，总希望重现那相亲相爱的美好时光。

这首词也是柳永在元宵节时的有感而发，年少时去过姑苏城，本就被西施和范蠡的感情打动，此刻柳街灯市又让柳永回想起来。

如今柳永心里，皇帝的青睐和赞赏一字重于千金，这与往日里写词被歌妓称赞相比，一个浮于表面，一个直入内心。

柳永的心性都在词里，他不是为了什么目的而写词，他只想抒发心中最真挚的情感，如同他以往对歌妓的爱情。

柳永和虫娘再次走到汴京的街头，见到旧日的街道景致，回首往日，已经过了几十个年头了。虫娘说：“看以前我住的地方，我们认识的第二日，你就在门口等我。”如今以前的楼阁已经拆了重建，但道路上的石头似乎还认得柳永的足迹，留住了柳永，驻首凝望。他写下：

《长相思慢》

画鼓喧街，兰灯满市，皎月初照严城。清都绛阙夜景，风传银箭，露叆金茎。巷陌纵横。过平康款辔，缓听歌声。凤烛荧荧。那人家、未掩香屏。

向罗绮丛中，认得依稀旧日，雅态轻盈。娇波艳冶，巧笑依然，有意相迎。墙头马上，漫迟留、难写深诚。又岂知、名宦拘检，年来减尽风情。

街道还是原来热闹的街道，人也有一些故人，只是一晃这么多年过去，不知是否找得回当初的感觉。

虫娘见柳永忆往事愁上心头，知道柳永是在感慨岁月无情，就对柳永提议道，何不去往日歌舞坊去观赏歌舞，听几首曲子，顺便也可探望旧时的好友知己，叙叙旧？

柳永正有此意。

于是隔日柳永便带着虫娘去了歌舞坊，原来的那家歌舞坊，心娘佳娘早已经是妇女模样，在教导幼小歌妓，见是柳公子来访，也想拾掇拾掇自己上台唱上一曲。柳永见到旧时知己，旧日往事涌上心头，少年的情怀又回来了，柳永原本紧锁的眉头舒展开来，一如往日。

心娘佳娘拿来一本词集，给柳永翻阅。柳永一看，发现都是自己这些年的词，有一些是以往在红楼写下，有一些想必是流传至此。柳永心想自己何德何能，得如此厚爱，感动地看着这些知己红颜。

此时，红楼的丫头端来了茶酒，柳永给大家一人倒了一杯酒，柳永一仰头，便先干为敬了。

这情，都在酒里。

柳永高兴，便有高兴之词，而在任太常博士期间，本职就是为仁宗写词写曲，因此频写了许多喜庆歌颂之词。

为仁宗祝寿，便有：

《破阵乐》

露花倒影，烟芜蘸碧，灵沼波暖。金柳摇风树树，系彩舫龙舟遥岸。千步虹桥，参差雁齿，直趋水殿。绕金堤、曼衍鱼龙戏，簇娇春罗绮，喧天丝管。霁色荣光，望中似睹，蓬莱清浅。

时见。凤辇宸游，鸾觞禊饮，临翠水、开镐宴。两两轻舠飞画楫，竞夺锦标霞烂。罄欢娱，歌《鱼藻》，徘徊宛转。别有盈盈游女，各委明珠，争收翠羽，相将归远。渐觉云海沈沈，洞天日晚。

此词描绘仁宗每年三月一日以后君臣士庶游赏汴京金明池的盛况。这首词形象地反映出仁宗时昌盛兴旺的景象，是当时都市风貌的艺术实录，是一幅气象开阔的社会风俗画卷。

《送征衣》

过韶阳，璇枢电绕，华渚虹流，运应千载会昌。罄寰宇、荐殊祥。吾皇。诞弥月、瑶图缵庆，玉叶腾芳。并景贶、三灵眷祐，挺英哲、掩前王。遇年年、嘉节清和，颁率土称觞。

无间要荒华夏，尽万里、走梯航。彤庭舜张大乐，禹会群方。鹓行。望上国，山呼鳌抃，遥爇炉香。竟就日、瞻云献寿，指南山、等无疆。愿巍巍、宝历鸿基，齐天地遥长。

此词是柳永为宋仁宗华诞之日献寿所作。上片写宋仁宗诞辰之日是一个充满吉祥福瑞的日子，在宋仁宗诞辰之日天地人都呈祥瑞之象。宋仁宗天姿英明神武，聪明才智超过了以前各朝各代的皇帝。下片写大宋疆域之广大，各附属国对大宋的虔诚礼敬和对大宋朝的祝愿。此词实属阿谀奉迎之作，但用词造句等都显出了很高的艺术造诣。

为庆祝元宵佳节：

《倾杯乐》

禁漏花深，绣工日永，蕙风布暖。变韶景、都门十二，元宵三五，银蟾光满。连云复道凌飞观。耸皇居丽，嘉气瑞烟葱蒨。翠华宵幸，是处层城阆苑。

龙凤烛、交光星汉。对咫尺鳌山开羽扇。会乐府两籍神仙，梨园四部弦管。向晓色、都人未散。盈万井、山呼鳌抃。愿岁岁，天仗里、常瞻凤辇。

为庆祝仁宗“圣节”：

《永遇乐》

薰风解愠，昼景清和，新霁时候。火德流光，萝图荐祉，累庆金枝秀。璿枢绕电，华渚流虹，是日挺生元后。缵唐虞垂拱，千载应期，万灵敷祐。

殊方异域，争贡琛赆，架巘航波奔凑。三殿称觞，九仪就列，韶頀锵金奏。藩侯瞻望彤庭，亲携僚吏，竞歌元首。祝尧龄、北极齐尊，南山共久。

此时柳永的心境，就如同他写的词一般富丽堂皇，他沉浸在繁华迤逦的宫廷倾赏之中，殊不知，这仕途的命运都掌握在一人手中，他喜，则顺，他怒，则亡。

谁能想到一向乐于听取奉承的仁宗会突然转变心性，把这一切奉承之词当作虚假？多疑的皇帝一旦对臣子有了隔阂，臣子便越是美誉，皇帝越是心生厌恶。

听惯了歌颂之词的仁宗转变心性之后，首当其冲受害的就是太常寺柳永，恰好在这当头，内侍让乐师吟唱柳永的词：

《醉蓬莱》

渐亭皋叶下，陇首云飞，素秋新霁。华阙中天，锁葱葱佳气。嫩菊黄深，拒霜红浅，近宝阶香砌。玉宇无尘，金茎有露，碧天如水。

正值升平，万几多暇，夜色澄鲜，漏声迢递。南极星中，有老人呈瑞。此际宸游，凤辇何处，度管弦清脆。太液波翻，披香帘卷，月明风细。

这首词写得多好啊，“金茎有露，碧天如水。”

然而仁宗听了，龙颜大怒。

古来皇帝都是如此，一旦对臣子的目的产生怀疑，便事事都错了，回想柳永之词，仁宗不免认为，此臣子无真心，只知道献媚而已，如今还滥用皇家忌讳的“翻”字，是何居心？

这一年，柳永到了任期，一纸令下，被仁宗迁去做了苏州通判。

临行前，柳永老泪纵横，这分明是一种贬黜的差遣。终于让柳永意识到自己在政治上的无谋，家人也跟着伤心。原以为没什么大作为的柳永至少可以在汴京混个安稳生平，步步稳当地过完后半生。谁知道一天之间，就天翻地覆了，马上就要离开汴京。柳永非常不舍，这是柳永熟悉的汴京，有感情的汴京，但再不舍也没有用，天子的旨意，无人敢不从。

好在苏州，是柳永年少时曾去过的地方。上有天堂，下有苏杭。姑苏城的江南风光让柳永回忆无穷，他早就希望能重游苏州，他安慰家人这样说："就当一家人去一个仙境般的地方度假吧。"

收拾好行头，柳永一家人上了马车，水陆兼程。这一路，柳永年少时走过，眼前是一样的景致，只是瞬息光阴，如今已经垂垂老矣。汴京城的知己好友，不知余生还能否重逢，这一别，恐怕是永别了。

汴京的繁华，汴京的佳人，再见了。

一路舟车，柳永在路上写下：

《雪梅香》

景萧索，危楼独立面晴空。动悲秋情绪，当时宋玉应同。渔市孤烟袅寒碧，水村残叶舞愁红。楚天阔，浪浸斜阳，千里溶溶。

临风想佳丽，别后愁颜，镇敛眉峰。可惜当年，顿乖雨迹云踪。

雅态妍姿正欢洽，落花流水忽西东。无憀恨、相思意，尽分付征鸿。

人生是一场不断告别的旅行，这在柳永身上再合适不过了。

抵达苏州，草草就安顿了下来，被贬黜在苏州做通判已经是一件让柳永黯然神伤的事情了。可谁知，到了苏州才知晓，这苏州的知州是比自己中进士晚了几年的吕溱。柳永在苏州做通判，是属于官大差遣小。此时的柳永57岁了，可是他的顶头上司只有30岁，而且官阶比柳永要小，职位却在柳永之上，这是一件极其尴尬的任命了。

尽管尴尬，但吕溱为人正直，也是一位值得欣赏的人。

柳永到苏州之后，几次拜访，又对其政闻有所了解，不免开始佩服这位比自己年轻的上司了。既然佩服，柳永肯定是要抒发出来，因此柳永写词夸赞这位知州，也是情理之中。

《木兰花慢》

古繁华茂苑，是当日、帝王州。咏人物鲜明，土风细腻，曾美诗流。寻幽。近香径处，聚莲娃钓叟簇汀洲。晴景吴波练静，万家绿水朱楼。

凝旒。乃眷东南，思共理、命贤侯。继梦得文章，乐天惠爱，布政优优。鳌头。况虚位久，遇名都胜景阻淹留。赢得兰堂酝酒，画船携妓欢游。

在人生中，我们总是遇到许多比自已年纪小，却更加优秀的人。所以说人成功与否，不是等待某一天的改变，而是自我价值的提升，有的人严于律己，懂得提升自我价值，必定可以用更短的时间获得更多的能力。

有人相信命运，认为人生是早早安排好的。总有人说，我出生的时候，就注定了这个悲惨的命运。仿佛出生的时候，每个人都能拿到一幅人生路线图，但人生而自由，想走到哪里，去到哪里，一切都是未知数。

因为出生的时候命运就不好，所以未能中举，无法升迁，被人误解，被朝廷罢黜，死了也就化作灰消失殆尽。而命运之所以被误解，大概是因为这个世界上有很多事情，很多的改变，轻微到无法被描述，细致到总让人忽略。这许许多多轻微的变化在你的生命中汇聚了起来，不经意改变了你的命运，你感叹奇迹发生，实际上是你曾无数次的有意为之。

对柳永来说，这也是他的一种自我选择。万物皆此，无论是善有善报，还是福由心生，一切你所得到的果，都源于你曾经种下的因。如果你没找到因，那不是没有，只是它被拆散得太细，轻易无法被捕捉。

世间万物，有因必有果，有果必有因。每个生命，每件事情，都是一场轮回。命运是一种汇聚，每分每秒，年年岁岁，前一秒汇聚为后一分，前一年汇聚为后一岁。

命运是一种果，却被很多人当作因。

柳永在苏州任职半年，就又迁往益州。平调到益州，仁宗不知又是起了什么心思，把柳永越调越远了。益州不允许携带家眷，柳永只好把夫人儿子送回汴京。

送别家人，柳永便要一路西行，又要和已不再年轻的夫人分别，无言有泪，断肠争忍回顾。

《采莲令》

月华收，云淡霜天曙。西征客、此时情苦。翠娥执手，送临歧、轧轧开朱户。千娇面、盈盈伫立，无言有泪，断肠争忍回顾？

一叶兰舟，便恁急桨凌波去。贪行色、岂知离绪，万般方寸，但饮恨，脉脉同谁语？更回道、重城不见，寒江天外，隐隐两三烟树。

这就是柳永走了一大半的仕途，时时都在告别，时时都在出发。少年时的离愁在酒里词里，酒里是对现实的叛逆，词里是对前途的希冀。如今的离愁赤裸裸在脸上，眼里的哀伤流露在泪痕，词里只剩萧索。

临别那天，虫娘到京都城外设帐饯别，送柳永上船。傍晚时分，一场阵雨初歇，冷风萧瑟，虫娘泪眼婆娑地看着远方，柳永这前半生无论被调遣往何处，虫娘都伴随左右，有任何的事情柳永都可以问问虫娘的意见，而这次不得不独自远行，这以后很长的一段日子，该怎么熬下去？柳永再也无法忍受此刻的离别之痛，挥笔写下千古名词：

《雨霖铃》

寒蝉凄切，对长亭晚，骤雨初歇。都门帐饮无绪，留恋处，兰舟催发。执手相看泪眼，竟无语凝噎。念去去，千里烟波，暮霭沉沉楚天阔。

多情自古伤离别，更那堪，冷落清秋节！今宵酒醒何处？杨柳岸，晓风残月。此去经年，应是良辰好景虚设。便纵有千种风情，更与何人说？

秋后的蝉鸣是那样的凄凉而急促，面对着长亭，正是傍晚时分，一阵急雨初歇。在京都城外设帐饯别，却没有畅饮的心绪，正在依依不舍的时候，船上的人已催着出发。和虫娘握着手互相瞧着，满眼泪花，直到最后也无言相对，千言万语都噎在喉间说不出。

想到这回去南方，这一程又一程，千里迢迢，一片烟波，那夜雾沉沉的楚地天空竟是一望无边。

自古以来多情的人最伤心的是离别，更何况又恰逢这萧瑟冷落的秋季，这离愁哪能经受得了！谁知我今夜酒醒时身在何处？怕是只有杨柳岸边，面对凄厉的晨风和黎明的残月了。这一去长年相别，相爱的人不在一起，我料想即使遇到好天气、好风景，也如同虚设。即使有满腹的情意，又能和谁一同欣赏呢？

这一路是悲伤的一路，这一行注定伴随着哀愁。

途经陕西，柳永见到高低不一的柳树。夕阳西下，秋光褪去，柳永眼中净是悲凉，他写下：

《少年游》

参差烟树灞陵桥，风物尽前朝。衰杨古柳，几经攀折，憔悴楚宫腰。

夕阳闲淡秋光老，离思满蘅皋。一曲阳关，断肠声尽，独自凭兰桡。

高低不一的好像烟一样的柳树掩映着灞陵桥。此处风俗依旧和往朝一样，送别的人们折柳送亲人。衰败的古杨柳，攀折已憔悴，如同楚宫中那柳细腰女。夕阳悠闲照大地，秋光渐消去，离别的忧思如蘅草铺满江岸望不尽。一首送别《阳关》曲，曲尽人肠断，独自倚靠着船栏杆愁绪满怀。

经过长安，他想起年少时骑马奔驰在古道上，满怀着对未知的期待，而如今，仍然骑着一匹瘦马，这马和人都比以往垂头丧气了，景色萧条，过去的旧友早已不在，柳永又写下：

《少年游》

长安古道马迟迟，高柳乱蝉嘶。夕阳岛外，秋风原上，目断四天垂。

归云一去无踪迹，何处是前期？狎兴生疏，酒徒萧索，不似少年时。

在长安古道上骑着瘦马缓缓行走，高高的柳树上秋蝉乱嘶啼。夕阳照射下，秋风在原野上使劲吹，我举目远望，看见天幕从四方垂下。归去的云一去杳无踪迹，往日的期待在哪里？饮宴的兴致已衰减，过去的酒友也都寥落无几，现在的我已不像以前年轻的时候了。

经过秦岭，他望着关河，望断飞雁，回忆在心中翻涌，写下：

《曲玉管》

陇首云飞，江边日晚，烟波满目凭阑久。立望关河萧索，千里清秋。忍凝眸？杳杳神京，盈盈仙子，别来锦字终难偶。断雁无凭，冉冉飞下汀洲。思悠悠。

暗想当初，有多少幽欢佳会，岂知聚散难期，翻成雨恨云愁！阻追游。每登山临水，惹起平生心事，一场消黯，永日无言，却下层楼。

山岭之上，黄昏的云彩纷飞，晚上江边，暮霭沉沉。眼前是一片烟波万里，我凭栏久久望去，只见山河是那么清冷萧条，清秋处处凄凉，让人心中不忍难受。

在那遥远的汴京，有一位盈盈的如仙佳人。自从分手以来，再也没有她的音信，令我思念悠悠。我望断南飞的大雁，也未等来任何的消息，只能使我的愁思更长。回想当初有多少相见的美好时光，谁知聚散不由人，当时的欢乐，反变成今日的无限愁怨。千里之外我们无从相见，只有彼此思念。每当我又见山水美景，都会勾起我的回忆，只好默默无语，独自下楼去。

经过凤州，独自在驿馆的柳永，对闲窗畔，停灯向晓，抱影无眠。他又写下：

《戚氏》

晚秋天，一霎微雨洒庭轩。槛菊萧疏，井梧零乱，惹残烟。凄然，望江关，飞云黯淡夕阳间。当时宋玉悲感，向此临水与登山。远道迢递，行人凄楚，倦听陇水潺湲。正蝉吟败叶，蛩响衰草，相应喧喧。

孤馆，度日如年。风露渐变，悄悄至更阑。长天净，绛河清浅，皓月婵娟。思绵绵，夜永对景，那堪屈指，暗想从前。未名未禄，绮陌红楼，往往经岁迁延。

帝里风光好，当年少日，暮宴朝欢。况有狂朋怪侣，遇当歌、对酒竞留连。别来迅景如梭，旧游似梦，烟水程何限。念利名、憔悴长萦绊。追往事、空惨愁颜。漏箭移、稍觉轻寒。渐呜咽、画角数声残。对闲窗畔，停灯向晓，抱影无眠。

时值深秋，短促的细雨飘洒在院落庭中。栏边的秋菊已谢，天井旁的梧桐也已然凋残，被似雾的残烟笼罩。多么凄然的景象！远望江河关山，黯然的晚霞在落日余晖里浮动。想当年，多愁善感的宋玉看到这晚秋是多么悲凉！曾经临水登山，千万里路途艰险，行路者是那么凄惨哀楚，特别厌恶听到陇水潺潺的水声。这个时候，正在落叶中哀鸣的秋蝉和枯草中不停鸣叫的蟋蟀，此起彼伏地相互喧闹着。

在驿馆里形影单只，度日如年。秋风和露水都开始变得寒冷，在深夜时刻，胸中愁苦更甚。浩瀚的苍穹万里无云，清浅的银河中一轮皓月明亮。绵绵相思，长夜里对着如此的景色不堪忍受，掐指细算，回忆往昔。那时功名未就，却在歌楼妓院等游乐之所出入，一年年时光耗费。

美景无限的汴京城，让我想起了年少时光，每天只想着寻欢作乐。况且那时还有很多狂怪的朋友相伴，遇到对酒当歌的场景就流连忘返。然而别离后，时光如梭，那些曾经的玩乐寻欢情景就好似梦境，前方一片烟雾渺茫。什么时候才能到岸？都是那些功名利禄害得我如此憔悴，将我羁绊。追忆过去，空留下残容愁颜。滴漏的箭头轻移，寒意微微，画角的呜咽之声从远方徐徐飘来，余音袅袅。静对着窗户，把青灯熄灭等候黎明，形影单只彻夜难眠。

尽管这一路满是离愁和追忆，但很快，柳永一行就抵达了蜀地。

蜀地自古难治，不仅离汴京较远，而且山高水深，崇山峻岭，人少物稀，名胜古迹众多。

但这里的百姓安居乐业，自成慵懒一派，簇簇歌台舞榭。蜀地最有名的就属美食小吃了，柳永心想虫娘一定会很喜欢这里。街上散发着各式小吃的香味，人们悠闲地走在街上，夏日乘凉，冬日烤火。鸡鸣狗盗之徒少见。

益州空气潮湿，土地滋润，盛产美女，“雅俗多游赏，轻裘俊、靓妆艳冶”。

《一寸金》

井络天开，剑岭云横控西夏。地胜异、锦里风流，蚕市繁华，簇簇歌台舞榭。雅俗多游赏，轻裘俊、靓妆艳冶。当春昼，摸石江边，浣花溪畔景如画。

梦应三刀，桥名万里，中和政多暇。仗汉节、揽辔澄清。高掩武侯勋业，文翁风化。台鼎须贤久，方镇静、又思命驾。空遗爱，两蜀三川，异日成嘉话。

刚到成都，柳永还不是很适应成都的水土，就在他刚刚开始适应并且喜欢之时，又有了新差遣。

在成都任职半年余，1044 年秋，柳永又被迁往湖南。这一路要经过三峡，柳永被巫山十二峰所震撼，巫山险峻，但柳永自成都迁往湖南，一路辛苦。绿水青山在柳永眼里是满目败红衰翠，秋季是伤感的，而伴随着离别，流离的秋季更加哀愁，柳永已不再年轻，如同这暮秋，落叶纷飞，一片残败。

《卜算子慢》

江枫渐老，汀蕙半凋，满目败红衰翠。楚客登临，正是暮秋天气。引疏砧、断续残阳里。对晚景、伤怀念远，新愁旧恨相继。

脉脉人千里。念两处风情，万重烟水。雨歇天高，望断翠峰十二。俣无言、谁会凭高意。纵写得、离肠万种，奈归云谁寄。

将到湘潭，柳永见天上的鹜雁在天际画出一道道弧线，仿佛隔离成一幅幅秋色画卷，柳永望着灰蒙蒙的天，感叹：什么时候才能到达目的地，而这一站什么时候又该道别？

人生是一场沉寂的告别式，这一刻寒暄，下一秒告别，交替中是不同的面孔和相似的寂寞，不同的开场白和相似的诀别礼。

组成柳永余生的是大半个宋城，不同的目的地，相同的旅役。泪水滴落在汴京到苏州、苏州到蜀地、蜀地到潇湘的山水间、舟车上。

《倾杯乐》

鹜落霜洲，雁横烟渚，分明画出秋色。暮雨乍歇，小楫夜泊，宿苇村山驿。何人月下临风处，起一声羌笛。离愁万绪，闲岸草、切切蛩吟如织。

为忆芳容别后，水遥山远，何计凭鳞翼。想绣阁深沉，争知憔悴损，天涯行客。楚峡云归，高阳人散，寂寞狂踪迹。望京国。空目断、远峰凝碧。

两年之间，柳永由汴京到苏州，苏州到蜀地，蜀地到潇湘，大部分时间都在行走中。离别的码头，路途的驿站，留下的是柳永一夜夜的辗转难眠，带来的是一日更一日的老去。这其中，柳永一次次与知己重逢，告别，又重逢。

《尾犯》

夜雨滴空阶，孤馆梦回，情绪萧索。一片闲愁，想丹青难貌。秋渐老、蛩声正苦，夜将阑、灯花旋落。最无端处，总把良宵，只恁孤眠却。

佳人应怪我，别后寡信轻诺。记得当初，翦香云为约。甚时向、幽闺深处，按新词、流霞共酌。再同欢笑，肯把金玉珠珍博。

有人说，人生不在乎结局，更重要的是过程，但过程之苦是各有各的不同。有的人，苦到无法继续走下去，只渴望结局早点到来，结束和解脱不过一线之隔。

很多人都希望人生可以过得五颜六色，如彩虹般绚烂，而真相往往是，要么十分寡淡，要么一片黑灰。人生的颜料很多，但明亮的色彩却少，能意识到自己是一个平凡之人，了解自己天赋的真正所在，安于当下，才是理解人生的开始。

幸运的人，出生就被指导如何平凡，安于当下，默默把自己的天赋发扬，最终一世静美，在细微处流畅欢存；不幸的人，渴望独霸鳌头，穷尽一生追逐异于凡人，求而不得，一生羁绊。

柳永要的，是仕途锦绣，但他并不是一位精于朝野之人，若是诗词作伴，一生该是如鱼得水。

人生的不公平所在，是给你的希冀与位置相差太远，现实与精神追求的求同过于艰难，能撞破隔阂的都是勇者，不契合是人生常态。

对于柳永来说，生命没有结束，调遣就不会停止。

1045 年秋，柳永又被调往华州。

临行的那个秋季凌晨，早霜寒露，睡眼朦胧之中就又要开始赶路了。走得多了，连行李都少了，一直在城市之间行走，留不住旧物，每当离别一个城市，以前的东西都被抛下了，但抛下的也相处不久，感情不深。轻车上路，策马登途，离别与秋季，心情与景致，不约而合，淡烟衰草，霜林孤村。

《轮台子》

一枕清宵好梦，可惜被、邻鸡唤觉。匆匆策马登途，满目淡烟衰草。前驱风触鸣珂，过霜林、渐觉惊栖鸟。冒征尘远况，自古凄凉长安道。行行又历孤村，楚天阔、望中未晓。

念劳生，惜芳年壮岁，离多欢少。叹断梗难停，暮云渐杳。但黯黯魂消，寸肠凭谁表。恁驰驱、何时是了。又争似、却返瑶京，重买千金笑。

柳永在华州仍然是任通判的职位，此时的知府为李丕绪。柳永安顿下来没多久，就入冬了。陕西偏北，华州南依秦岭，北临渭河，地势南高北仰中间夹槽，入冬较早，天刚凉下来，就开始大雪纷飞，整个华州都被积雪覆盖，白茫茫一片，淅淅瑶花初下。在如此唯美的雪景中，柳永披上了蓑衣骑马去拜访知府大人。

华州古寺众多，柳永一路上远观山间简朴沉寂的寺庙，偶尔出来一个僧人在庙前挥动扫把扫雪，脚下的落叶有的被埋在雪下，也有的刚刚飘下来，在雪地里留下淡淡的痕迹。

在雪地里行走，冷而爽朗。

柳永的胡须上挂满了雪花，呼出一口气，雪花化作了水珠挂在柳永的脸上。柳永干脆让马慢走起来，慢慢欣赏雪景。此时的柳永仿佛走在一幅雪白的画卷上，翩翩词人，他时而皱眉，时而仰望。

李丕绪也是一位懂词爱曲的素雅之人。他打开府门，见柳永身披蓑衣，一身雪花来拜访自己，马上请柳永进屋内，围着炉火，拿出好酒款待畅聊。

此情此景，柳永早就兴致大发，随意就吟诵出一首《望远行》：

长空降瑞，寒风翦、淅淅瑶花初下。乱飘僧舍，密洒歌楼，迤逦渐迷鸳瓦。好是渔人，披得一蓑归去，江上晚来堪画。满长安、高却旗亭酒价。

幽雅，乘兴最宜访戴，泛小棹、越溪潇洒。皓鹤夺鲜，白鹇失素，千里广铺寒野。须信幽兰歌断，彤云收尽，别有瑶台琼榭。放一轮明月交光清夜。

李丕绪拍手称赞，词写得优美，又恰好府里有歌妓，李丕绪吩咐下去，请乐师们谱成了曲子，一边听着新词新曲，一边欣赏雪景。

窗外，是雪白的天，映照着沉寂的华州大地，外面寒风阵阵，屋内的炉火暖了心，这刚认识的好友如同久违重逢的知己。不知不觉，柳永就喝了个大醉。

虽然被贬到如此远的地方，但能遇到这样的知己好友，也算没白来一趟华州。雪中热酒，苦中作乐，调遣之路是冗长痛苦的，但这漫漫长路上有这样一些暖心欢乐来点缀，宛若黑暗天空中的繁星。

在华州任职不过两年，朝廷又下调令，柳永被平调到苏州，这对柳永是个不小的打击。接到这道旨意，柳永去找了李丕绪，大喝一顿，抒发自己的不快。李丕绪不仅对这位才子的遭遇心生同情，也对朝廷这种显而易见的不公愤愤不平。

对柳永来说，这次的差遣比任何一次更加让人痛心疾首。一方面，柳永满心以为在外任职已久，理应调回汴京，至少可以在老家度过余生；另一方面，柳永不是第一次被迁往苏州，做了这么些年的通判，再次回苏，职位未变，这对谁来说，都是一件极其尴尬的事情。然而朝廷圣旨已下，不愉不公又能如何，柳永只好匆匆收拾行李家当，又该上路了。

好在这次被调往苏州，朝廷恩准可让家人同去，于是柳永写了书信给家人，让家人直接去往苏州，在苏州汇合。

在路上，柳永作下：

《引驾行》

红尘紫陌，斜阳暮草长安道，是离人、断魂处，迢迢匹马西征。新晴。韶光明媚，轻烟淡薄和气暖。望花村、路隐映，摇鞭时过长亭。愁生。伤凤城仙子，别来千里重行行。又记得临岐，泪眼湿，莲脸盈盈。

消凝。花朝月夕，最苦冷落银屏。想媚容、耿耿无眠，屈指已算回程。相萦。空万般思忆，争如归去倾城。向锈帏、深处并枕，说如此牵情。

“红尘紫陌，斜阳暮草”，描绘的是当时的长安道，“韶光明媚，轻烟淡薄”，描绘的是当时的天气氛围。接着，人物登场，“迢迢匹马西征”“摇鞭时过长亭”，是主人公正在旅行，“离人”“匹马”“断魂”“迢迢”，都让人觉得主人公的这次旅行并不那么愉快，再与此时此地的大好时光相对照，则更加烘托出这次旅行是多么令人难堪，使人生愁。

“别来千里重行行”说的是在漫长的旅行途中，有万千情事可以思忆，但令人难忘的还是即将踏上征途的那一时刻，俩人执手相看，那脸上水盈盈的双眼，永远印在脑际。“花朝回夕，最苦冷落银屏。”说的是离别之后，每逢花朝月夕，她必定分外感到冷落，夜夜无眠，说不定她已经算好了我回归的日程。

对方的相思苦情，这是想象中的事，但写得十分逼真，虚实难辨。这时候，仿佛她就在自己的眼前。这千万般的思忆，不管是我想念她，还是她想念我，全都是空的，怎比得上及早返回，与她相见，那才是实在的。

那时候，“向绣帏、深处并枕，说如此牵情”。我将向她从头细细述说，离别之后，我是如何思念着她。

柳永从陕西往苏州，这一路所遇的大小官吏，可是都熟了，驿馆都还是原来的样子，柳永已经来来去去好几回了。

《阳台路》

楚天晚。坠冷枫败叶，疏红零乱。冒征尘、匹马驱驱，愁见水遥山远。追念少年时，正恁凤帏，倚香偎暖。嬉游惯。又岂知、前欢云雨分散。

此际空劳回首，望帝里、难收泪眼。暮烟衰草，算暗锁、路歧无限。今宵又、依前寄宿，甚处苇村山馆。寒灯畔。夜厌厌、凭何消遣。

沿途的山水、舟车都已经熟悉了柳永的愁目，随时准备被柳永拿起，装进他伤春悲秋的词里，习惯而悲悯着。

《临江仙引》

上国。去客。停飞盖、促离筵。长安古道绵绵。见岸花啼露，对堤柳愁烟。物情人意，向此触目，无处不凄然。醉拥征骖犹伫立，盈盈泪眼相看。况绣帏人静，更山馆春寒。今宵怎向漏永，顿成两处孤眠。

到了晚年，柳永的词多是在描述离别与行旅，很少再有以往的花前月下了。

走着走着，便想念汴京，此时该是回汴京的路啊，然而马儿出发了，方向却改了。不知此时的汴京是什么模样，不知家人都可好？以往的知己好友如今正在做什么呢？是否在对月饮酒，是否，还记得有一位爱写词的故人？

《笛家弄》

花发西园，草薰南陌，韶光明媚，乍晴轻暖清明后。水嬉舟动，禊饮筵开，银塘似染，金堤如绣。是处王孙，几多游妓，往往携纤手。遣离人、对嘉景，触目伤怀，尽成感旧。

别久。帝城当日，兰堂夜烛，百万呼卢，画阁春风，十千沽酒。未省、宴处能忘管弦，醉里不寻花柳。岂知秦楼，玉箫声断，前事难重偶。空遗恨，望仙乡，一饷消凝，泪沾襟袖。

风流浪漫的柳永一生才华横溢，无论在何处为官，都清正廉洁。谁知到了晚年，却不得不游走在大大小小的城市之间，不得安宁，这与大部分老来得志的官吏不同，做官越久，无论资历辈分，都不应居于后起知州之下。

或许晚年，仁宗早就忘记这位才子博士了，但他的一纸令下，改变了柳永大半个人生。

现实的不公无处不在，对现实的无力感犹如拳击棉花，想反抗，却不给回应。

当朝之人都知道调令对柳永是不公的，然而到了晚年，已经没有人愿意在皇帝面前提起这一个渺小的才子了，在辗转与差遣中，柳永早就被遗忘，只有那曾经写好的美妙词曲仍然响彻汴京城。

兜兜转转，前面已然是姑苏城了。

《洞仙歌》

乘兴，闲泛兰舟，渺渺烟波东去。淑气散幽香，满蕙兰汀渚。绿芜平畹，和风轻暖，曲岸垂杨，隐隐隔、桃花圃。芳树外，闪闪酒旗遥举。

羁旅。渐入三吴风景，水村渔市，闲思更远神京，抛掷幽会小欢何处。不堪独倚危樯，凝情西望日边，繁华地、归程阻。空自叹当时，言约无据。伤心最苦。伫立对、碧云将暮。关河远，怎奈向、此时情绪。

遥望汴京的方向，不知有多少里路，这距离从来都没变过，只是人，不知归期。

还依稀记得上次被调往苏州，柳永安慰家人，苏州风景迤逦，只当来观赏罢了，如今再回，心中五味杂陈，彼此都想安慰彼此，但话语如鲠在喉。

1047 年春，柳永的官级转为官员外郎，然而职位仍然没有任何改变。顶头上司仍然是比自己官级低，年龄小的后辈。除了高高在上的皇帝，下面的官员都对柳永抱着尊敬欣赏的态度，无论是出于欣赏其才华还是同情其遭遇。

这年秋天，柳永携家人游太湖，作词：

《凤归云》

向深秋，雨馀爽气肃西郊。陌上夜阑，襟袖起凉飙。天末残星，流电未灭，闪闪隔林梢。又是晓鸡声断，阳乌光动，渐分山路迢迢。

驱驱行役，苒苒光阴，蝇头利禄，蜗角功名，毕竟成何事，漫相高。抛掷云泉，狎玩尘土，壮节等闲消。幸有五湖烟浪，一船风月，会须归去老渔樵。

经历这么几遭，柳永终于看透了官场。

《瑞鹧鸪》

全吴嘉会古风流。渭南往岁忆来游。西子方来、越相功成去，千里沧江一叶舟。至今无限盈盈者，尽来拾翠芳洲。最是簇簇寒村，遥认南朝路、晚烟收。三两人家古渡头。

柳永的词里已不见少年时的爱恨分明，浪漫洒脱，更多的是对官场，对人生的真实感悟和无奈叹息。

1048 年末，柳永又被调往杭州。上有天堂，下有苏杭，算是齐了。

从苏州赶往杭州，一路江南美景，暮色如画，月光清冷，引得柳永感慨颇多。朝欢暮散，已是人生的常态了。

羁旅之中，也是写词之时：

《彩云归》

蘅皋向晚舣轻航。卸云帆、水驿鱼乡。当暮天、霁色如晴画，江练静、皎月飞光。那堪听、远村羌管，引离人断肠。此际浪萍风梗，度岁茫茫。

堪伤。朝欢暮宴，被多情、赋与凄凉。别来最苦，襟袖依约，尚有馀香。算得伊、鸳衾凤枕，夜永争不思量。牵情处，惟有临歧，一句难忘。

天色已晚，轻舟向岸边靠拢。在盛产鱼米的水路驿站，放下白色的船帆。面对傍晚的天空，明朗的天色如同晴朗的白昼，江水澄静，皎月耀光。怎堪听从那遥远的村落传来的悠悠羌笛声，引起离开家园和亲人的离人无限悲伤。此时，感到自己就如同水中之萍、风中之梗，过着漂荡不定的生活，思绪纷繁复杂。

怎能忍受朝欢暮散的伤悲，多情给自己带来了无限的孤寂冷落。

离别以来痛苦之极，衣襟衣袖隐约还有残余的芳香。料想你此时一定坐在我们同床共枕的床头上，面对漫漫长夜，怎能不如同我一样地思念。动情处，惟有赠别之辞，一句也难以忘记。

抵达杭州之后，柳永回想自己年少时曾游西湖，那首想让孙何举荐自己而写的词就如同昨天刚写一样。站在西湖的岸边，清风拂面，带来的味道和以往一样，这一晃，人生已经快要走完了，西湖是一点变化也没有，而自己垂垂老矣，想到此，浑浊了双眼，断桥也生了重影。

走在西湖边的街道，小贩的叫卖声渐渐靠近，又渐渐远离，犹如这一辈子，和某些人某些地方，总是近了又远，远了又近，喋喋不休的别离让当初那颗炙热的心随着叫卖声远去了。

当职杭州，直到1055年收到回汴京的消息，这段时光就是柳永最后的仕途岁月了。

收到回汴京的圣旨，柳永心境大好，自然要写词，寄托终回汴京的高兴。

《思归乐》

天幕清和堪宴聚。想得尽、高阳俦侣。皓齿善歌长袖舞。渐引入、醉乡深处。

晚岁光阴能几许。这巧宦、不须多取。共君事把酒听杜宇。解再

三、劝人归去。

天气清和，何况又逢宴饮聚会。酒友彼此投合之至。在佳丽的歌舞声中，渐渐引人进入神志不清的醉乡深处。

岁暮的光阴能有多少，这不靠功绩而只凭机缘升迁的巧宦，无须过多去谋求。且和酒友举杯，一起听那杜鹃鸟悲伤的啼鸣，那放声的哀叫，仿佛是在一而再、再而三地劝人回去！

能够回到阔别已久的汴京，一家人都很激动。

醉乡风景好，携手同归。

《看花回》

屈指劳生百岁期。荣瘁相随。利牵名惹逡巡过，奈两轮、玉走金飞。红颜成白发，极品何为。

尘事常多雅会稀。忍不开眉。画堂歌管深深处，难忘酒盏花枝。醉乡风景好，携手同归。

人生百年，屈指算来，非常有限。在辛苦劳累的一生中，穷达荣辱一直如影相随，常常因名利的牵绊而徘徊彷徨，让人不得不感叹人生的坎坷。

时光流逝之快，人生多无奈，青春红颜很快就变成苍颜白发，即使身居极品高官又能奈何？不仅如此，在有限的人生中，还是尘俗之事多，优雅惬意的聚会少。

人生既然如此，何不及时行乐？不妨抛开俗事，沉醉于画堂歌舞之中，边饮酒边欣赏歌女的歌舞与美貌，有了这些，还有什么不愉快的呢？还是醉乡风景这边独好，不如与相知的人携手一起归隐醉乡。

这一次收拾行囊，比任何一次都精心，有许多以前往往会扔下的物件都被打包了，是真的感受到，人生终于到了终点站，要把一切都打包，过往的羁旅，路途中的劳顿，围绕舟车的山水，都要通通打包，带往汴京。

无论以前多么辛苦，终归是要回家了。马车的方向终于顺着心意，由杭州到汴京的路都变得不再遥远，仿佛一伸手，就能抓一把汴京的空气；一抬头，就是汴京郊外的山岚。

汴京不远了，人生，也渐入尾声。

在众生之中，人人都是平凡的，谁的人生都是生与死连成的片段。但对个体来说，从哪里来，往哪里走，又都各有各的方向。

或许在出生之时，这颠簸的后半生已经准备好了迎接柳永，前半生的挣扎最终仍然把他送往此处。无论多么曲折，这都是柳永的旷世一生。

秋尽人非

秋季，天气阴沉沉的，没有残阳，不见断暮，没有冬天那般寒冷，但这秋季就似乎把一些还未到极致的哀愁全部结合了起来，成了人心真正的寒冬季。

风细细，云沉沉，落叶纷纷，秋是残缺的寄托，是词人眼中的泪，是盛满思念的哀愁，是爱慕离别的码头。

这是柳永回到汴京之后一个再寻常不过的秋天，还来不及去听残蝉悲鸣，去看落叶纷飞，来不及和秋风寒暄，冷飕飕的空气就带来了秀香离世的消息。

秀香一生未嫁，柳永这次回汴京，收到好几次秀香的邀请，也没来得及去往桃花径。

直到听说秀香的离世，柳永才知晓，来不及了，一切晚矣。

遗憾，悔恨。

遗憾就如同开了花却没结果的石榴树。

柳永还来不及和家人交代，就匆匆上了马车，赶往秀香的居所。

阁楼外面挂满白绫，秀香就躺在大堂。

柳永想起自己未兑现的承诺，如今是永远也无法实现了，回汴京这么久，回想秀香夜夜的思念，就后悔没有早点过来看望。

柳永站在灵堂，久久没有离去，眼前浮现的不止和秀香的点点滴滴，也浮现出那一年的经历，那一年为了科举，那一年留宿的歌舞坊。相识的知己友人，如今都在何处，在什么位置，那些曾经消失在自己世界里的友人，他们此刻在做什么，是否还记得有这样一个人？是否知道生命如此脆弱？很多时候，一个匆匆告别，便是永远。

从清早立到夜色渐晚，残阳的余晖照进灵堂，零零散散地洒在房间的各个角落。还未来得及点灯的房间，昏暗凄凉，惆怅黯然，秋风透过窗，一丝丝地打在柳永的脸上，柳永开始流泪，不止不休。

他的耳畔回响起为秀香写词的那日，他们一起吟唱，一起欢笑。难道是自己一直在行走，忘记了时间？那画面似乎就在昨天，而一个活生生的人，才一日之隔，就这么永远地安睡沉眠。

秀香的身边放着的是柳永为她写的词：

《昼夜乐》

秀香家住桃花径。算神仙、才堪并。层波细翦明眸，腻玉圆搓素颈。爱把歌喉当筵逞。遏天边，乱云愁凝。言语似娇莺，一声声堪听。

洞房饮散帘帏静。拥香衾、欢心称。金炉麝褭青烟，凤帐烛摇红影。无限狂心乘酒兴。这欢娱、渐入佳境。犹自怨邻鸡，道秋宵不永。

柳永忘记了自己身处何地，也忘记了自己已然高龄。匆匆出门的柳永，只穿了一件单薄的长衫，他的心思早就沉陷去了往日，模糊的记忆让柳永以为还是当年年轻气盛的自己，最终被秋天的寒冷叫醒，止不住地咳嗽起来。

直到虫娘赶来，给柳永添了衣服，柳永才从回忆中重回现实。他让虫娘先回府，想为秀香守一夜。虫娘忧心忡忡地离去，不舍也拗不过柳永，只是一遍遍嘱咐柳永保重身体。

柳永回想到曾经那么一刻，以为要和秀香天长地久，可到底是怎么恍惚了，就走上了离别的道路，甚至很久都是互相遗忘，柳永不知自己不在汴京的半生日月，秀香一个人是怎么度过的呢，他想问问她，却没有了回答。

秀香这么久的沉默大概是非常了解人心了，在她心里，柳永会是一个负心郎吗？

在歌妓的心中，柳永的形象一直都是高大的，他和其他风流的公子不同。有的人，只知朝夕，不可同苦，歌妓一眼就能看穿。

《慢卷䌷》

闲窗烛暗，孤帏夜永，欹枕难成寐。细屈指寻思，旧事前欢，都来未尽，平生深意。到得如今，万般追悔。空只添憔悴。对好景良辰，皱着眉儿，成甚滋味。

红茵翠被。当时事、一一堪垂泪。怎生得依前，似恁偎香倚暖，抱着日高犹睡。算得伊家，也应随分，烦恼心儿里。又争似从前，淡淡相看，免恁牵系。

无边暗夜中有一扇透着昏暗烛光的小窗，窗上映出了闲坐窗旁的剪影，窗中人毫无睡意，斜靠着枕头陷入了沉思。他在孤寂之中，只能以回忆来弥补感情的缺失，而愈是回忆，思念愈切。往事虽然美好，但算来仍未能偿尽自己全部的情意，所以才有如今的万般追悔。就是当良辰，对好景，也皱着眉儿，郁郁不乐。

身边是红茵翠被，霎时，他一下子回忆起了从前两人朝夕相处、两情相悦的美好时光。相思之情越甚，越是追悔莫及，只落得一一堪垂泪，却不得依前了。想到对方也是像自己一样烦恼心儿里，不免温情脉脉，感人至深。又争似从前，淡淡相看，免恁牵系。

柳永是在乎每一位知己的，与虫娘能够携手白头已是幸事，只是人生漫长，总有一些遗憾与无奈存在。

在感情的面前，常常是当局者迷，自我是很容易陷入一个情感迷圈的，生活中的千转百回，就像毛线球一样杂乱地缠绕在一起，而人往往被缠在其中，不可自拔。在别人眼中，再简单明了的事情，都会因为当事人掺杂的感情，而变成一桩疑难杂症。

太多的不可解释，不过都是因为身在其中罢了，若是真能以一个旁观者的角度看待任何事情任何人，这个世界就清晰了。

这么多的人生活在这样一片星空之下，还妄图有人来管你的悲乐生死吗？谁不是，渺小得如同尘埃，卑微得如同蝼蚁。

年轻的我们莽撞地生活在尘世之中，无法知道暮年的自己，将会是怎样的心情，害怕遗憾，也害怕曾经的选择让自己遗憾，步步维艰。

所以有很多人，宁愿抓住自己任何念头不放，去实施打开，也不愿让这念头随着时间消失，然后又随着时间，若影若现。宁愿每一步都脚踏实地地留下痕迹，也不愿让它缥缈地留在脑海，漂浮空中。

拆开一道道障碍，打开一层层包裹，才知道，生活的箱底压着什么。这寻找的过程，大概就是生命的意义。

一草一木，一沙一石，永不停息的河流，四季变幻的山岚，浩浪拍岸，雄鹰翱翔，让我们意识到，活着就是去顶撞、去行走、去改变、去碰击，不断地打破原有的平衡。否则生活就像一摊死水，渐渐腐朽。

在仕途之中，坚持，不惧失败，不放弃以及最终的无助妥协，柳永都不曾后悔，不曾遗憾。而反面的，都在诗意的红尘坊间。这两个方面一直都对立在柳永的一生之中，造就了这样一个让人又爱又恨的，风流又专一的柳永。

生活给我们的，我们无法反抗，但这并不代表要对生活妥协。无论哪里有一条小路，都应该去尝试，穿过荆棘，或许前方，就是出口。

柳永也一直在尝试，只是生活给他的出口太远，把所有的明媚都交给了词曲，仕途之路走得曲折，但在诗词歌赋中，柳永是开路者，拥有一树树的硕果，成就了一段段的佳话。

人生如棋局

为秀香守灵之后，柳永开始害怕再次听到故人的噩耗，他珍惜每一天的时光，陪伴家人，会见朋友。

柳永开始回到原本的日子，经常去以往的歌舞坊，一坐就是一整天，日日赋词听曲。旧日的红颜知己纷纷遣来书信，希望能再得柳公子的新词，尽管此时的柳永已不能再称作公子，但红颜依旧，柳永也是歌妓心中永远的柳公子。

柳永第二个见到的是英英，他想起初见英英，为英英写的词，英英妙舞腰肢软。章台柳、昭阳燕。如今的英英哪里还有往日的身段，只是脸上仍然洋溢着舞者的雀跃，于是柳永又为英英作了一首：

《惜春郎》

玉肌琼艳新妆饰。好壮观歌席。潘妃宝钏，阿娇金屋，应也消得。

属和新词多俊格。敢共我勍敌。恨少年、枉费疏狂，不早与伊相识。

英英羞涩地笑了，笑容一如往常。柳永感叹岁月匆匆，转眼，大家都老了。人老心不老，情谊在词中永存。

因和英英重逢，柳永喝了个大醉。往日的歌舞坊人来人往，连舞台都还是旧日的样子，这一生脑海中留存着不同的画面，但这些画面中泪是多于欢笑的。这一生到底是为了什么？人为什么活着？活着的意义在哪里？难道这一生就是为了这草草结束的仕途吗？走进去之后并无不同，可自己前半生竟然为此一再受挫，得到之后何尝不是更大的一次煎熬？

而我又真正得到了什么吗？

醉后的柳永回首一生，这才意识到自己奔走一生，竟然没有留下一丝价值。

英英说：“你并不是什么也没留下，你留下了一首首绝美的词，你应该把他们收集起来，供后人借鉴欣赏，这才是你一生最大的意义。”

柳永镇定了自己的情绪，马上回家让虫娘将这些年的词曲都整理起来。虫娘说：“老爷别急，这些我早就已经装订好了。”虫娘返身去房内拿出厚厚一本词集，“这些都是跟着老爷行走四方留下的，还望老爷过目。”

醉意全消的柳永一页页翻看，这是发妻离世时所写，这是被贬苏州时所写，这是遇知己时所写。这一首首印在眼里，一幕幕却刻在了心上。“原来我们曾走过这么多地方，而每一个地方就仿佛只是人生的一个驿站而已，起点和终点都在这里，这一生仿佛走出了一个完整的句号，而人生也到了尾声。”

“老爷别这么说，如今才是老爷真正开始享福的日子。春季听雨，夏季赏荷，秋季枫红，冬日看雪，这些都等着老爷慢慢体会。以往我们走得太快，哪有闲心去欣赏这些真正的美景？”

是啊，以往我带着你们奔走各地，除了赶路，眼前都是运河、马车，和家人也总是分多聚少，现在才真正应该写点轻松畅快的事物了。

可是真正闲下来，柳永发现连提笔也不愿了。

在汴京的柳永，就是一位退休了的老官，每日游走在街头巷尾，和小孩、老人混在一起。遇到歌舞坊，就去听个曲唱个词，顺道欣赏如今汴京新式的舞蹈，常常在这里遇到熟人，拉住柳永好好叙旧一番。

日子就这样慢慢过了。回到汴京第二年的七夕，柳永和虫娘去街上观河灯，恰好遇到一处书摊，供游人写词作画。虫娘提议说，老爷就在这里现场写一首七夕之词吧。街上的人知道他是柳永，便围了起来，看柳永作词。

《二郎神》

炎光谢。过暮雨、芳尘轻洒。乍露冷风清庭户，爽天如水，玉钩遥挂。应是星娥嗟久阻，叙旧约、飙轮欲驾。极目处、微云暗度，耿耿银河高泻。

闲雅。须知此景，古今无价。运巧思、穿针楼上女，抬粉面、云鬟相亚。钿合金钗私语处，算谁在、回廊影下。愿天上人间，占得欢娱，年年今夜。

写完，柳永又自己念了一遍。百姓们听罢，连连叫好。好一个“乍露冷风清庭户，爽天如水，玉钩遥挂。”把牛郎织女相会的景致渲染得清晰爽朗。

而百姓们更喜欢的，大概是“愿天上人间，占得欢娱，年年今夜。”

一听就是喜庆祝贺的词意。

我们平凡人，谁不是喜欢好听的，用好愿景来抵抗人生的苦难呢？

有人说，人们喜欢悲剧，是因为生活够欢喜；人们喜欢喜剧，那一定是因为生活太过凄苦。我们总是喜欢去看一些和自己极其不同的人生，好沉迷其中，暂时忘记自己的苦痛。在故事中，戏剧中，词中，看相同的故事，看不同的人。看别人的故事，忧愁不属于自己，喜乐却可以，可以带走人的思想，跟着作者的心，去体验一次截然不同的人生。

而创作作品的人，是精神的造物主，它凌驾于物质之上，又存在现实生活之中。直观意义上的造物主只存在于神话之中，而精神的造物主存在我们的现实生活里，任何一种冲击了人的灵魂的东西，都可以称作精神造物主。

从古至今，那些留下一篇篇作品的人，都是跨越时空的精神领袖，柳永当然也可以担当。

这首七夕的词，虽喜也哀。

但如今的柳永已经不会再去感伤不在眼前的情景了，当下就有这么多的悲欢离合，岁月无常，再也没有为赋新词强作愁的勇敢，这愁就那么真实地围绕在柳永的现实生活中，哪里还有别的泪去为牛郎织女而流？若是往日，必定会为此而陷入一番怅惘，站在苏州城，会为西施而哀愁。

不过柳永仍然想起往日每每调遣，与夫人匆匆告别，相聚几日便要离别几载，何尝不是牛郎织女般牵肠挂肚？

思念，是一种哀愁，也是一种幸福。

不是每个人都懂得思念真正的含义，也不是每一个人都知道思念的苦与乐。

繁星朗空，暮深夜半，独自仰望天际，知道自己牵挂的人和自己同乘一片月光，那便是一种幸福。

很难寻找一位如同柳永一样这么上进而隐忍的人，为了自己的目标忍受一次次失败，又忍受山南地北的差遣，忍受和亲人的聚少离多。

对柳永来说，科举那么困难，为什么不直接放弃？一次次被贬在外，为什么不直接辞官？答案是什么。

直接的答案没有，但是有人说如果连痛苦都面对不了，那么肯定也面对不了死亡。

所以说，如果能够洒脱地放弃科举，那么科举也就不会是困难，如果可以面对辞官的失去，也就不会在乎一次次被贬了。

人生再苦，也得一步步走下去，再苦也好过直面死亡的自我放弃。人的使命不是赢，只要能够坚持到棋局结束就需要莫大的勇气。这其中，有自我的坚定，有他人的推波助澜，或许都是宿命的安排。

柳永也不过是芸芸众生中的一枚棋子罢了，而他身上的才华，也许是星辰赋予的能量，赋予的一种敏感的感应，好让他成为一代词人、一个标杆。

梦回少年

柳永做了一个梦，梦回少年时，那时候什么都没有，日日为科举犯难，他才发现那个时候才是最好的时光啊。

《鹤冲天》

闲窗漏永，月冷霜华堕。悄悄下帘幕，残灯火。再三追往事，离魂乱、愁肠锁。无语沉吟坐。好天好景，未省展眉则个。

从前早是多成破。何况经岁月，相抛弹。假使重相见，还得似、旧时麽。悔恨无计那。迢迢良夜，自家只恁摧挫。

人总是妄图抓住许多东西，从出生到成年，是一段索取的过程，以有所得为傲，年轻就似乎要扛下更多的东西才合理，然而这索取到的东西就这样硬生生压在自己的肩膀上。人的欲望无止境，渴望不断，压在身上的欲望慢慢累积成了大山般的重量，到最后重得直不起身。往往到最后才意识到为时已晚，想要扔掉，却已生了根，纠缠不休。

少年时的一无所有反而是最轻盈的时光。人是矛盾的，不能过于自由漂浮，也无法承受过度的重量。这之间的适可而止，是人生路上的难题。

每个人都曾在人生的路口彷徨，有着许许多多无法解决的事情，如同钻进一条没有出路的死胡同。无助感让人想要逃避，想要结束这种找不到地的感觉，心就像云一样飘在天上，轻易就可以被带走，被撕碎，被吞噬。

在很多人的生命里是不会体会这种感觉的，没心没肺反而可以拥有一片平坦，太多波折的人或许是因为心里装了太多在乎的东西。

如果可以，宁愿选择彻彻底底地痛一场，然而这是比痛更加残忍的刑罚，它被称作“在乎”。有一些人因为在乎，而轻易被旁人利用，旁人只需要说一句话，流一滴泪，就可以让他夜不能寐。或许人都应该活得心狠一点，人人都心狠，宛如活在一个真实的动物世界里，这样痛苦会少一点，任何的悲伤都掷地有声，铿锵有力，心也就干脆了。人之所以活得艰难，就是过于柔软，风都可以刮出几道伤痕。

或许人长大的过程就是心变硬的过程罢了。

年轻的时候不理解年老的现实，年老的顺从只能随着年纪增长来自我体会，这感觉就如同被当头泼下一盆盆冰水，到最后，终于成为一个雪人，不再哭不再笑，只静静等着融化的解脱。

如果可以，谁不愿意过一个平坦圆润的人生啊。只是当你在乎的人，在乎的事摆在了眼前，没有人可以放任不管，似乎和对方连着一道道肉眼见不着的线，感应到对方的忧愁，但这感应无法分担，只能成倍放大痛苦，仿佛是一种传染病。所以人生到了最后，宁愿闭眼无视，也不愿任何事都要去追个根问个底。遮遮掩掩，得过且过吧。

词同情不同

一次次想要放弃，但又一次次捡起来，犹豫会伴随一个人的一生，总是会遇到很多自己从未经历过的事情，不知该如何抉择。每个人出生都是第一次为人，第一次在人生中充当一个维持很久的角色。因为人有思想，因此总是渴望人生的轨迹与思想的轨迹更加契合一点，这一生都在博弈、磨合。有的人思想与行动无法和谐共处，便只能在人生中纠结转圈。

也有些人，思想与行动都朝着同一个方向，却因为外力、环境多重阻挠，不得不妥协，自我意识退一步，将就着过一辈子。

这就是柳永，从不犹豫，从不放弃，却无法与社会达成共识，没办法狡猾地活在仕途里，因此被仕途遗忘，随意安放。

人生不过是一个人与人，人与物，人与社会，人与自己磨合的过程罢了。

有的人八面玲珑，圆滑得来去自如。有的人只懂和自己相处，不懂如何表达自己，而常常被人误解，被整个社会误解。

柳永是一个很会表达自己的人了，他的表达更加美丽婉转，他的表达就藏在他的词里，字字真挚。但他若是没有皇上的欣赏，想要在仕途中一展头角，也是一种妄想。他希望讨皇上的欢心，但他不懂政治，一味地表达，没有收放自如。他是有棱角的，一个词人怎么可能没有棱角？没有棱角，如何写出一首首传世的词？没有棱角，悲伤无处停留，一个看不到悲伤的人，怎么会拥有真情实意？没有真情实意，如何写出“系我一生心，负你千行泪”这样的话？

《受恩深》

雅致装庭宇。黄花开淡泞。细香明艳尽天与。助秀色堪餐，向晓自有真珠露。刚被金钱妒。拟买断秋天，容易独步。

粉蝶无情蜂已去。要上金尊，惟有诗人曾许。待宴赏重阳，恁时尽把芳心吐。陶令轻回顾。免憔悴东篱，冷烟寒雨。

一个没有眼泪的人是不会写诗的。

诗词之所以优美，不过是作者注入了太多的感情。情到深处，自然成诗。

如果没有悲伤，那么离别也只不过是两个物体拉开一段距离而已，物体承载不了相思，除非相思只是一个没有生命的词语，如果所有的词语都和它本身这样死气沉沉，那么语言失去了真正的意义，心思只能漂浮在空中，无处寄存，是词人把心思一点点抓回来，塞进自己的脑海里，再尽可能具象的描述出来，以此慰藉每一个伤心之人。

握笔之人都是造物主，他们制造了真正的爱、恨、情、愁，揉进了四季，融合到了能用肉眼看到的云雨之中，从而让万物都有了鲜活的表情。

是柳永制造了一个真挚而鲜活的北宋情愁，用他的一生演绎了一段丰富的浪漫仕途。

生活中实在有太多的真真假假，分不清断不明，绕在心头是一团乱麻，除了逃避别无他法，逃避的人并不是懦弱的，逃避是一种勇敢。

迎头而上是解决问题最轻松直接的方法，所以选择绕开问题的人，都是有难言的苦衷。或者是已经被生活折腾得不成样子，战战兢兢地苟活于世，任何一件小事都需要斟酌再三，害怕自己一个不经意，就又被生活开个大玩笑。

人都是到了某个年纪，才明白生活的残忍，再也无法像年轻的时候放荡洒脱，不堪重负。

顺应天命是对生活的妥协，也是在被生活伤得七零八落之后的无奈之选。

一个经历过五次失败的人，早就把勇气用在了起步之时，在这之后，心有余而力不足，也曾争取过，但进入仕途的时间已经是柳永的晚年了，此时的柳永哪里还能铆劲迎头而上？没有余力去思考大局，能够谨慎地走好每一小步就已经不易，但生活就是连谨慎的人也不放过，也要让他看清生活的真面目，否则人都不会老去，关于生命的意识形态就无法更替。

当一切结束时，也曾挣扎过，也曾悲悯过，但最后是无力地等待某一天的到来，这一天是所有人相同的归路。

但好在，仕途之路草草结束，诗词歌赋没有。晚年的柳永仍然在汴京歌妓心中占据很重要的位置，大家尊重他，百姓喜欢他，这种形象从未改变。

走在汴京的街道，四处都可以感受到柳永的作品，这和文学大家完全相反。那些大作被悬挂在明亮的高堂里售卖或者供人欣赏，而柳永的作品被大人小孩写在纸上，歌舞坊夜夜吟诵，人人都能哼出几曲。

一日，柳永走在街上，去赴一场宴会，要路过拱桥。拱桥的桥头有一个卖字画的，正好有一叠他的词集，还未完全装订好，路过的人都会翻阅。柳永便停下脚步，看着字画摊，想着等下可以再送他几首。

这时，一辆疾驰的马车行过，还有官兵骑着马，带来一阵狂风。一叠未装订的词集飞了起来，落在了水里。柳永被眼前的一幕吓怔了，回头看护城河里，飘散着一张张词，老板的字迹非常不错。

《甘草子》

秋暮。乱洒衰荷，颗颗真珠雨。雨过月华生，冷彻鸳鸯浦。

池上凭阑愁无侣。奈此个、单栖情绪。却傍金笼共鹦鹉。念粉郎言语。

《定风波》

伫立长堤，淡荡晚风起。骤雨歇、极目萧疏，塞柳万株，掩映箭波千里。走舟车向此，人人奔名竞利。念荡子、终日驱驱，争觉乡关转迢递。

何意。绣阁轻抛，锦字难逢，等闲度岁。奈泛泛旅迹，厌厌病绪，迩来谙尽，宦游滋味。此情怀、纵写香笺，凭谁与寄。算孟光、争得知我，继日添憔悴。

《秋蕊香引》

留不得。光阴催促，奈芳兰歇，好花谢，惟顷刻。彩云易散琉璃脆，验前事端的。

风月夜，几处前踪旧迹。忍思忆。这回望断，永作终天隔。向仙岛，归冥路，两无消息。

《洞仙歌》

佳景留心惯。况少年彼此，风情非浅。有笙歌巷陌，绮罗庭院。倾城巧笑如花面。恣雅态、明眸回美盼。同心绾。算国艳仙材，翻恨相逢晚。

缱绻。洞房悄悄，绣被重重，夜永欢馀，共有海约山盟，记得翠云偷翦。和鸣彩凤于飞燕。间柳径花阴携手遍。情眷恋。向其间、密约轻怜事何限。忍聚散。况已结深深愿。愿人间天上，暮云朝雨长相见。

《昼夜乐》

洞房记得初相遇，便只合、长相聚。何期小会幽欢，变作离情别绪，况值阑珊春色暮。对满目，乱花狂絮。直恐好时光，尽随伊归去。

一场寂寞凭谁诉，算前言，总轻负。早知恁地难拚，悔不当时留住。其奈风流端正外，更别有，系人处。一日不思量，也攒眉千度。

字迹在水中化开，模糊，消失。一幕幕在柳永的心里翻腾，熟悉的感觉一涌而上，又猛地全部消失，再怎么用力，也无法回到当初那个场景。找回当初那份情感。

人的一生很长，长到总是会遇到一些相似的人，相似的物，相似的场景。人总会有一种恍惚感，这是很多人都拥有却无法解释的感受，当一个人来到一处自己从未到过的地方，却猛然有一刹那觉得很熟悉，又一刹那消失。有人把它解释为在梦中曾见过，有人把它解释为上辈子的记忆重合。

那场烟雨，你我相遇，相似的拱桥，却是在江南。雨中，你的眼睛被模糊，眼泪化开在春天的小雨中，如同这水中慢慢消失的字迹。

这些字是柳永一生的经历，一生的回忆。这字融进了河中，你的泪滴进雨里，不同的年纪相似的感受触碰了，柳永止不住有点心酸。他恨不得跑过去抓住老板，想问问老板都写下了自己的哪些词，丢了哪些，恨不得马上奋笔疾书，帮他补回来。

想要弥补，但却不再是当初那份了。那份由有缘之人编撰的词，和自己再重新写的完全不同，纸上收敛的目光，没有了，丢进了河里，顺着河水，不知去往了何方。

所有的情绪都顺着河水，如同柳永的年纪，岁月全部都在这样的河里，不停地流，静默地消失在残阳里，被黄昏吞噬，在黑夜里最终没了动静。

河水无法自然逆流，人也永远回不到过去，这是人之所以忧愁的很大一部分原因。如果岁月可以扭转，人将会失去许多婉转迂回的经历，会失去许多剪不断理还乱的愁情，只剩大胆的前进，后路都在，还怕什么？这也会让人生不再那么凄美，活着反而没有意义。

活着大概就是为了见证落叶，残阳，以及求而不得吧。

年少的时候见到将落未落的残阳，是一种欣赏敬畏，美而无泪。年老时，再见此景，就只剩大把的等待，等待真正逝去，期待而胆怯地过每一天，想握住短暂的时间，安静地坐着思考，好把时间延长再延长。

花会落，叶会枯，人无法阻止自己慢慢老去，但更悲伤的是无法阻止身边的亲人老去。岁月在脸上刻下的痕迹，轻易就能看出这一生的疾苦。

雁归汴京

《凤归云》

恋帝里，金谷园林，平康巷陌，触处繁华，连日疏狂，未尝轻负，寸心双眼。况佳人、尽天外行云，掌上飞燕。向玳筵、一一皆妙选。长是因酒沈迷，被花萦绊。

更可惜、淑景亭台，暑天枕簟。霜月夜凉，雪霰朝飞，一岁风光，尽堪随分，俊游清宴。算浮生事，瞬息光阴，锱铢名宦。正欢笑，试恁暂时分散。却是恨雨愁云，地遥天远。

留恋京都，那金谷园林、平康街道，到处都是繁华景象，连日的狂放不羁，未曾轻易辜负了我这寸心与双眼。何况还有如仙佳丽，如掌上飞燕翩翩起舞。面对豪华珍贵的筵席，每道菜都是精心选配。时常因深深迷恋于酒，而总被佳丽牵缠。

更美好的是春光里的亭台，夏天里的枕席，秋夜里的凉意，冬天里的晨雪，一年四季，全随你的喜好，快意游赏四季美景，潇洒出席清雅宴集。想到这一生把稍纵即逝的光阴都浪费在微不足道的名声和官职上，觉得很悲哀。正想试着这样，以在京都的欢笑来暂时忘掉这不愉快，可是，和地遥天远的京都佳丽分离的怨恨又涌上心来。

柳永写了汴京的繁华美景和如仙佳丽，以此来表现他对汴京的喜爱，从汴京的美景中柳永想到自己大半生都是和汴京分离着的，就为了微不足道的名声和官职，从而悔恨不已。柳永把汴京当作自己的第二故乡，他爱汴京，在与汴京分开的日日夜夜，思念着故乡，如今终于回到汴京，却感叹时日不多，需更加珍惜汴京的春夏秋冬。

不同城市其实大致是相同的，当你在某个城市感受到不一样的情怀，大概这里就是你的归宿了，这城市仿佛带着前世的乡愁，你躺在它的怀里会有一种安全感。

每个城市都带着不同的标签。有的安静，有的喧哗，有的妖娆，有的朴素，有的干净恬淡，有的杂乱无章。

每个人都可以从城市中感应到自己的心情，这心情是为城市而来，也是因城市而起。柳永走过许多的地方，对每个城市都有不一样的情感，这情感最终被他带往第二故乡——汴京，尽管江南烟雨，潇湘情愁，蜀地安逸，但都比不过汴京带给他最原始而无法解释的情感依靠。其实每个人都有，只是敏感多情的人才可以感受到，并且可以描述出来自我与城市之间的感知。汴京并没有什么特色的浪漫，不如江南，也没有特别的景致，不敌中原西北，甚至也不是柳永长大的地方。这种带有归宿感的情感在词里，在他的一众红颜知己中，只有汴京有他的追随者，有他心心相印的爱，也赋给他悔恨，遗憾。重聚，欢笑与眼泪，都在这里。一生的启蒙，半生的失意，也渴望最终化作一颗尘埃，为汴京添一捧泥土。

这种对城市的感知不是与生俱来的，必须是你走过许多个地方，经历过与它的分别，最终才会体会到，原来我爱的是哪里，我想停留在哪里，生死不分。不管人在哪里，都知道某一天我肯定要回去的。

忍把韶光轻弃

人因克制而优秀，一旦你真正想要什么，你就会做出选择，放弃一些，抓住另外一些，这是一种不自觉的自我安排，养成了习惯，就再也无法轻易改变。

人因执着而苦，一旦你真正想要什么，就如同魔咒一般来约束自己的行为。生活中写下的一笔一划，完成的一举一动，你都会去考虑，这样做有违背自己最终的意愿吗？这样做是否会破坏原本的计划？因为有了太多的顾虑而让人生之路走得战战兢兢。

这种克制与执着埋藏在柳永的骨子里，早期的他就算再沉迷于柳街灯市，也会适时回到府中准备科举。他放弃了许多饮酒笙歌的时间，去追逐他想要的仕途。走在这条自己想要走的路上，就不再畏惧，不畏惧失败，不畏惧贬黜，一心听命朝廷。

一个懂得克制与执着的人是不会真正失败的，就算没有得到最初想要的，他的努力也不会白费。他往往获得的是比一个简单结果更珍贵的东西。精神上的所得，人生价值观的升华，这些都比现实中显而易见的结果要珍贵许多。

这些心中所向，最开始只是一个萌芽，再后面就是因为这萌生的想法而养成的一种习惯了。每个人的习惯不同，也就造就了不同的人。

萌芽一个想法是很轻易地，自我们出生之时，就会得到许多的萌芽，关于你想走的路，想要的人生……萌芽大多相同，希冀都是好的，最后的路却走得千差百错。

但谁都不是只能走一条路，而放弃其他的选择。

人都是有局限的，早日认识到自我的局限，就能够安于当下，做一个踏实沉稳的人。

好高骛远是很多人在萌芽期会犯的错误，人总是会对自己的未来判断失误，以至于对未来产生过多的想法，因为从没走过，所以不切实际，未尝试的东西越多，越容易偏离现实，最后两手空空。

越是实践多的人，越是小心翼翼，在生活中碰到的挫折远远比自己想象中的更多，能够把握自我人生的人，对未来萌生的想法更容易贴合实际，也更容易一步一个脚印，走得安稳丰盈。

这些克制主要都在柳永的前半生里，为了科举，本已闻名的柳永仍然谦卑畏惧，为了科举，歌舞欢酒戛然而止。

一次次失败仍然能够把自己拉回仕途的正轨，这对许多人来说是无法做到的事情，有了这份克制和毅力，柳永终于入仕。

人生的掌舵人

1060 年，柳永生日设宴，邀请了整个汴京城里的知心歌妓。旧日知己英英、心娘、佳娘、酥娘都来赴宴，还带了许多年轻歌舞伎来捧场。这场宴会办得很是热闹，虫娘，柳夫人，柳涚都在。宴会期间，歌舞伎一直唱着柳永的词。

此情此景，柳永和歌妓一起，边写边唱，一派欢庆。

《长寿乐》

繁红嫩翠。艳阳景，妆点神州明媚。是处楼台，朱门院落，弦管新声腾沸。恣游人、无限驰骤，娇马车如水。竟寻芳选胜，归来向晚，起通衢近远，香尘细细。

太平世。少年时，忍把韶光轻弃。况有红妆，楚腰越艳，一笑千金何啻。向尊前、舞袖飘雪，歌响行云止。愿长绳、且把飞乌系。任好从容痛饮，谁能惜醉。

花盛开，叶嫩绿，一派春天景色，将京城装点得无限明媚。到处是危楼台榭、朱门院落，乐器吹奏着新颖美妙的音乐，非常热闹。道路上车马众多，来往不绝，任凭游人无限疾驰，竞相寻游美景名胜。归来的时候临近晚上，四通八达的道路上，如云的美女步履带起轻微的芳香之尘。

太平盛世，正当少年青春，不忍把美好的春光轻易抛弃，何况还有美女相伴，她们一笑何止只值千金啊！面对酒宴上那如同雪花飘飞的舞袖，响遏行云的歌声，我愿用长绳系住太阳，不让时光流逝，好能从容痛饮，谁能怕醉啊！

看着年少的歌妓正值青春，柳永仿佛也年轻了。

《传花枝》

平生自负，风流才调。口儿里、道知张陈赵。唱新词，改难令，总知颠倒。解刷扮，能哄嗽，表里都峭。每遇着、饮席歌筵，人人尽道。可惜许老了。

阎罗大伯曾教来，道人生、但不须烦恼。遇良辰，当美景，追欢买笑。剩活取百十年，只恁厮好。若限满、鬼使来追，待倩个、掩通着到。

在歌与舞交织的夜晚，良辰美景，一切都不肯结束，生命就如同这交织着的曲子，各种嘈杂的声音混在一起。喝酒的声音，哭诉的声音，管弦的合奏，舞姿踏踏，这声音就在耳边，却慢慢拉远，慢慢消弭。

这大概是柳永最后一次大醉了。

醉眼朦胧中，他仿佛夜晚看见庭院里绽放的花在对他笑。天空中，是发妻在对他招手，他看到了秀香，秀香慢慢狰狞，把他扔进了水里，他挣扎了许久，爬上了一艘船。岸上虫娘在跟他告别，他问船夫，“我们要去哪儿?”船夫说：“去崇安啊。”柳永高兴起来，从小时候离开到现在，就再也没有回过故乡，尽管已经对汴京有了家的依恋，可父母葬在崇安，父母在的地方才是真正的家啊。柳永振作起来，坐在甲板的最前端。他眺望远方，是巫山神女峰，崇山峻岭，明明刚刚还是绿得发黑，一瞬间开始枯黄，黄里透红，叶子嗖嗖地落。一片片红色的叶子拍打在柳永的脸上。天上开始下雨，雨是甜的，像小时候游览中峰寺时捧起来喝的山涧冰泉，他突然想起从汴京到崇安不需要经过巫溪啊，于是他想问问船夫。

船夫站在船尾，头戴斗笠，脚穿草鞋，背对着柳永。

柳永叫了一声，船夫回过头，柳永发现，这船夫竟然是自己。

雨越来越大了，风细细地吹过来。柳永打了个激灵，这才发现，自己在桌上睡着了，不知此时是几更天。

他起身加了衣服，点了新的蜡烛，走出屋子，坐在屋前的台阶上，回想刚刚那个梦。

自己难道是一个船夫么？一个把自己带往苏州、华州、蜀地、潇湘的船夫？

是啊，这一生，即使再悲苦，掌舵之人始终都是自己！

魂归故里

年老是一件非常沮丧的事情，眼见着原本饱满的身体开始枯萎，明亮的人生渐生晦暗，随着每况愈下的身体状况，似乎人生的许多事情都开始走下坡路。人生就是这么残忍，给予活着的希望，却给予死的结局，比这结局更加可怕的是，是人生每一步都在走向死亡，即使畏惧，也改变不了什么。

人生是一本翻不尽的书籍故事，编撰者是自己。在这本书籍里，人这个角色有一具可以走向任何地方的躯体，却在心上被施加无形的枷锁。人死之时，带不走任何“其他”，但却被给予了几十年创造“其他”的漫长岁月。

人每走一步，都是在用自己的矛刺向自己的盾，无论怎么活着，都与初心背离。

这个寒冷的冬天，柳永安静地走了，求而不得的前半生，得而不快的后半生，终究要被掩埋在汴京城的泥土之中。这一年是 1053 年。

整个汴京城都肃穆了，红楼寂寂，暮霭沉沉，哀乐阵阵，白色的纸钱被洒向半空，落下，又被冷风惊起，四处飘散，像是在寻找柳永的灵魂，灵魂走向哪里，便追到哪里。小巷，桥下，窗边，板凳上，河里……黄昏来临，风停雨起，飞散的纸钱终于安静落在地上，任凭雨水一滴滴浸透，可以不再飘离，可以安心的粘在地上，一点点支离破碎，融于泥土中，和柳永汇合。

柳永死后，一班名妓都来了，半城缟素，一片哀声。人人口中尽歌："不愿穿绫罗，愿依柳七哥；不愿君王召，愿得柳七叫；不愿千黄金，愿得柳七心；不愿神仙见，愿识柳七面。"

英英来柳永披麻戴孝，不久思念成疾，追随柳永而去。

此后的每年，歌妓相约在清明节赴柳永墓地祭扫。有不认识的年轻歌妓要唱柳词，不先去祭奠柳永，则会被视为大忌，被前辈指责。这种习俗在歌妓中延续了很久，每年清明节，柳永的墓前都是各处赶来祭奠的歌妓。歌妓之众多，场面之壮观，震撼人心。这种祭奠的活动被人称为"吊柳七"或"吊柳会"，在汴京，无人不知，无人不晓。

人结局的不同，就在于，有的人死了，化作泥土浇灌花朵，有的人却能凝聚一股精神，充实后人。很多人都在为后者奔波，而大部分最终成了前者。

柳永的躯体死了，灵魂却在。这一把精神食粮，是珍贵而富足的，相对于他的精神层面，他走过的路，经历过的人生坎坷，就渺小很多了。

也许正是这坎坷的人生成就了柳永。是柳永的心境，是柳永的字字句句，让我们看到了一个哀伤而苦痛的人生。

如果人生是编排的戏剧多好，有起始，有渐进，有高潮，有结局。段段工整，排列标准。时间到了，可以喊一声“开始”，时间没了，就安静地结束，从开始之时，我们就可以知道这一生将怎样走，因此也就少了打开的慌张，少了结束前的悔恨。

悔恨是可以摧毁一个正常人的，你清晰地知道原本应该怎么做，却无能为力，只能怀着一颗麻醉自我的心，不断催眠自己，像那钟表只能顺时针前行。人只能往前，无法往后，要么在痛苦中失智，要么在忘记中重生。

然而忘有多难！没有孟婆汤，也没有悔恨药，想忘记却更加清晰，想弥补却走不回正轨。

颠簸了大半个大宋疆土，柳永终究得以魂归故里。柳永去了，带着悔恨和遗憾，但柳永也解脱了，不必再为离别而痛苦。他的灵魂留在一首首柳词里，“凡有井水处，皆能歌柳词”，他的灵魂被后人永远地记住了，他的柳词被歌妓一遍又一遍地吟唱。柳永的身影仿佛飘散在汴京的各处，隔世望着这一幕幕。

他站在灵魂的世界里，不再有羁旅，不再有离恨，皎月飞光，清风徐徐。